Hannelore Besser

Fünfzig Jahre Pubertät

Dank

Für Ermutigungen, Geduld, Lektorat, kritische Diskussion und Layout danke ich Ruth Lisa Knapp, Peter Wurzer, Julia Sohnrey, Gisela Lemke und Daniel Besser.

Bibliografische Information der Deutschen Nationalbibliothek: Die Deutsche Nationalbibliothek verzeichnet diese Publikation in der Deutschen Nationalbibliografie; detaillierte bibliografische Daten sind im Internet über http://dnb.dnb.de abrufbar.

Impressum:

Besser, Hannelore
Fünfzig Jahre Pubertät
© 2017 Hannelore Besser

Herstellung und Verlag:

BoD - Books on Demand GmbH, Norderstedt

ISBN: 978-3-7460-4882-6

Hannelore Besser

Fünfzig Jahre Pubertät

Meine Erfahrungen mit mir und Jugendlichen
1965 bis 2015

Inhalt

Prolog

Fünfzig Jahre Erfahrungen mit Jugendlichen in der Zeit der wirbelnden Hormone waren abgeschlossen. Auf einer Party erzählte ich zur Erheiterung der Umstehenden launig aus meinen „Geschichten aus fünfzig Jahren". Interessiert lauschte auch Heike, die Freundin meiner Tochter, sie hatte zwei Mädchen im Alter von zehn und zwölf Jahren: „Kannst du diese Geschichten nicht einmal aufschreiben, damit wir ungefähr wissen, was da auf uns zukommt?", bat sie mich. Liebe Heike, für dich und manch andere Eltern und sonstige Interessierte habe ich die Anekdoten zusammengetragen.

Letzter Beifall

Ich pubertiere seit fünfzig Jahren, nun ist Schluss! Genau genommen sind es sechzig Jahre, wenn ich die eigene Zeit dazurechne – und das muss ich wohl –, denn ohne diese zehn vorausgehenden hätte ich nicht durch fünfzig Jahre so viele Pubertierende begleiten können. Nun kann ich endlich erwachsen werden oder, mit jetzt fünfundsiebzig Jahren, von der einen Grenzaustestung zur nächsten wechseln: In Zukunft werde ich mich mit dem Methusalem-Syndrom beschäftigen oder mich auf der Geriatrischen tummeln.

Am Ende des letzten von mir betreuten Jugendkurses bekam ich viel Lob. Die zwei hochgewachsenen Jungen aus dem Kosovo standen klatschend auf, alle anderen Jugendlichen folgten, das Team schloss sich an und so stand ich gefühlte Stunden in der Mitte der Kapelle des Kolpinghauses in Duderstadt, in der die Abschlusszeremonie des Kurses stattfand, stand etwas verloren und beschämt in der Mitte dieser „Standing Ovations" und dachte: „Nun ist gut! Mehr Höhepunkt wird es nicht geben." Am liebsten wäre ich verschwunden wie der Hobbit, einfach weg, ließ aber weiter dieses Lob wie eine warme Dusche über mich ergehen, fühlte mich ausgebrannt und glücklich zugleich – glücklich vor allem, weil ich gerade eben verkündet hatte: „Dies war mein letzter Jugendkurs. Vor fünfzig Jahren habe ich den ersten deutsch-schwedischen Jugendaustausch geleitet, fünfzig Jahre mit immer wieder wunderbaren jungen Menschen, vielen Dank für diese letzten drei Wochen mit euch." Nach jedem der Kurse in den letzten fünf Jahren hatte ich gemeint, dies sei der letzte gewesen, geäußert stets im kleinen Kreis der Unbeteiligten; jetzt und hier hatte ich es öffentlich gesagt und tief innen verspürte ich ein großes Glück und gleichzeitig ein Gefühl des Versagens, denn war dies eigentlich mein Weg gewesen? Was hatte ich mir zu beweisen versucht, indem ich mich immer wieder mit jungen Leuten abgab, immer wieder Aufgaben mit pubertierenden Jugendlichen übernahm? Da standen sie nun um mich herum: Neunundfünfzig Jungen und Mädchen aus nahen und fernen Ländern, aus Taiwan, aus Brasilien, aus Weißrussland und woher noch alles, dazu die Mitglieder des Teams, der Hausherr des Kolpinghauses, alle klatschend, in ihren Augen Erstaunen und Bewunderung, und endlich sah ich auf Angelika, die Betreuerin, sah in ihren Augen den Neid und das Unverständnis, sie hatte mich in den letzten Tagen oft kritisch betrachtet. Ich spürte deutlich, dass ich alt geworden war, zu alt für diese Tätigkeit.

Und so sollte hier Schluss sein. Ich hatte sie hinter mich gebracht, diese Aufgabe, die immer wieder mir angetragene Aufgabe, diesen Halbwüchsigen, die keine Kinder mehr waren und doch noch nicht für sich selbst stehen konnten, einen Weg zu weisen zwischen Skylla und Charybdis, zwischen Tag und Nacht, zwischen dem Ausprobieren und dem Abgleiten, zwischen Grenzerfahrung und Einsicht in die Notwendigkeit, zwischen Anpassung an die Gesellschaft, wie sie ist, und Widerstand gegen die Welt, wie sie ist, zwischen Revolution und Etablierung – kurz, mit ihnen und jedem Einzelnen von ihnen einen Weg zu suchen für sich selbst und zu sich selbst. Dabei war ich oft gescheitert, wieso auch nicht, sie lebten ja in so ungleichen Umfeldern, kamen aus verschiedenartigen Familien, aus sehr unterschiedlichen Sozialisationen, oft mit einer dramatischen Kindheitserfahrung. Ich kannte den „richtigen" Weg nicht, es gab ja auch nicht nur einen „richtigen" Weg, jede und jeder musste den eigenen finden und gehen, ich konnte sie nur begleiten und während dieser Begleitung brachte ich ihnen Geduld und Verständnis entgegen; ich konnte ihnen Pfade zeigen, die sie vielleicht noch nicht gesehen hatten, konnte an Kreuzungen beraten, vor Abgründen warnen, konnte bestärken und Mut machen. Ab und zu hörte ich später, dass ein Weg gelungen war. Ich hoffe, die vielen, von denen ich nie wieder hörte, haben ebenfalls ihren Weg gefunden.

Waren denn die Jugendlichen in diesen fünfzig Jahren gleich, gab es keine Veränderungen? Oh doch, die gab es hinsichtlich der

Sozialisation und der Herkunft. Aber grundlegend war und ist die physische Veränderung und unabhängig von allem anderen die Suche nach Zuordnung und dem Platz in der Welt. Und diese Suche ist in gewissen Situationen ähnlich, selbst bei einem Mädchen, das im oberen Niltal geboren wurde und dessen Schicksal es eigentlich hätte sein sollen, mit zwölf Jahren verheiratet zu werden – wenn es diesem Mädchen gelungen war, auf eine Schule zu gehen, wenn man seine Begabungen förderte und es die Möglichkeit erhielt, mit anderen Jugendlichen aus anderen Ländern zusammenzukommen, dann zeigten sich dieselben Muster wie bei allen anderen: Übernahme der Geschlechterrolle, Akzeptanz der eigenen körperlichen Erscheinung, Beziehungen zu anderen Jugendlichen beiderlei Geschlechts aufbauen, emotionale Unabhängigkeit von den Eltern erreichen, Vorbereitung auf eine berufliche Karriere und Eintritt ins Erwerbsleben bis hin zu vollständiger ökonomischer Unabhängigkeit.

Es ist wie in Märchen und Mythen erzählt und im Volkslied besungen: „Hübsche Mädel wachsen immer wieder auf, lass doch der Jugend ihren Lauf" – die Erde dreht sich und die Probleme liegen mal so und mal so, die Jugend hat aber immer und zu jeder Zeit und bei allen kulturellen Unterschieden etwas Gleichartiges. In den vergangenen fünfzig Jahren sehe ich mich immer wieder dieselben Dummheiten begleiten, denselben ersten Herz-Schmerz trösten, Kids ins Krankenhaus fahren und mit den Ärzten über die Behandlung reden. Sehe die Verwandlung eines Jungen aus etwas Froschähnlichem in einen, nein, keinen Prinzen, aber doch in einen ernst zu nehmenden Gesprächspartner, der nicht unablässig albern kichert; sehe junge Mädchen, die gerade noch mit den Puppen gespielt haben, endlos vor dem Spiegel stehen, um aus sich, nein, keine Prinzessin, aber doch eine begehrenswerte junge Dame zu machen.

Und nun stand ich hier inmitten des letzten Beifalls und dachte: „Wie ist das eigentlich so gekommen?" Es hat sicher viel mit Zufall zu tun, aber auch mit den eigenen – überwundenen – Schwierigkeiten meiner eigenen Jugendzeit. Ich war eine aufsässige Pubertierende und stelle auch heute noch gern Gesellschaft, Moral, Gesetze und Normen infrage.

Die Zeit zwischen dem dreizehnten und dem siebzehnten Lebensjahr ist dabei am spannendsten. Es geschieht so etwas wie die soziale Geburt und ich betrachte mich gern als Geburtshelferin für Heranwachsende. Die Wissenschaft nennt diesen psychosozialen Prozess „Adoleszenz" – aber was verbirgt sich praktisch hinter diesem Begriff?

Mit etwa zwölf Jahren widerspricht ein Kind wohl zum ersten Mal bewusst dem Vorbildelternteil, dem es bislang alles so brav aus dem Mund geklaubt hatte.

Als ich dreizehn war

Mein eigenes grenzgängerisches Verhalten begann genau mit dreizehn und dieser Geschichte:

Das Haus steht schmächtig und windschief an der Ausfallstraße nach Osten, es schmiegt sich zwischen die im Krieg stehen gebliebenen Jugendstilbauten der Königstraße, spielt sich in vielen Träumen als baufällige und immer wieder bewohnbare Ruine auf, wird renoviert, bleibt bedürftig. Rotkehlchen wohnt darin in der ersten Etage, wem der Rest des Hauses gehört, bleibt im Dunklen. Rotkehlchen ist der Freund meines Bruders, eher ein Arbeitskollege auf dem Bau und ein Zechbruder als ein wirklicher Freund. Er schaut mir in die Augen, nimmt mich nicht als Kind, sondern als Mädchen mit Brüsten, Hüften und Po wahr. Das ist aufregend und ein bisschen peinlich, aber auch eine Aufforderung, die Grenze auszutesten.

Immer wieder werde ich darüber streiten, wie geschmeichelt man mit dreizehn ist, wenn einem jemand auf eine erotische Art Aufmerksamkeit schenkt, auch wenn einem bewusst bleibt, dass es eigentlich zu früh ist für richtigen Sex. Der Mensch ist von Geburt an ein sexuelles Wesen, diese Seite seiner Natur ist aber das siebte Zimmer, das auf keinen Fall vorzeitig geöffnet werden darf, der Schlüssel dazu muss der Mutter unter dem Kopfkissen weggeklaut werden.

Rotkehlchen heißt mit Vornamen Helmut und ich schleiche mich zu ihm, als ich eigentlich in die Englischstunde der Volkshochschule gehen soll, weil meine Noten in diesem Fach abgefallen sind. Ich willige ein, mich mit ihm aufs Bett zu legen. Das ist gemütlich und hat etwas Verbotenes, erregend ist es auch. Ich kenne meinen Körper nicht, kenne seine Lüste nicht, seine Scham, seine Begierde. Alles ist neu und muss erkundet werden. Die Warnungen der Mutter vor unerwünschter Schwangerschaft habe ich im Hinterkopf, kann die lästige Ermahnung aber leicht wegschieben, denn sie behauptete ja, man würde von einem Kuss schwanger. Ich bin aufgeklärt und weiß, wie Kinder gemacht werden, und das werde ich, da bin ich sicher, nicht zulassen. Helmut streichelt meine Hände, das ist angenehm, meinen Hals bedeckt er mit zärtlichen Küssen. Erst als er mir die Zunge zwischen die Zähne schieben will, finde ich das ein wenig zu aufdringlich und wehre ab. Er lässt sofort ab, streichelt dafür weiter meinen Hals, geht über zu den Schultern, berührt meine Brüste, mein Körper empfindet das als äußerst angenehm und meine Brustwarzen drängen sich Helmut entgegen, während die Alarmglocke im Kopf lauter schrillt. Zum Glück läutet jetzt eine reale Glocke, meine Mutter steht vor der Tür. „Komm sofort nach Hause! Und belüg mich nie wieder!", ordnet sie an und macht mich damit sehr froh, ich hätte nämlich nicht mehr genau gewusst, wie ich aus dieser gefährlicher werdenden Situation heil herauskommen sollte.

Viele schräge Abenteuer an dieser Grenze sollten folgen. So zum Beispiel beim Trampen durch Frankreich. Der Lieferwagen hielt, ein freundlich-rundlicher Franzose lud mich ein, neben ihm Platz zu nehmen, der große Hund auf dem Rücksitz blickte misstrauisch. Aber ich war ohne Arg und erst beim Abbiegen von der Hauptstraße befiel mich ein Verdacht, der sich ein wenig später am Feldweg bestätigte. Der Mann hielt das Auto an, nahm eine Decke. „Steig aus und leg dich hin", forderte mich der Mensch freundlich, aber bestimmt auf, der Hund knurrte böse. „Ich bin Jungfrau", hörte ich meine piepsige Stimme. Er lachte: „Haha, dann pass auf, dass du keine alte Jungfer wirst!" Ich verstand das Wortspiel, bat aber trotzdem auf lächerliche, schlecht geschauspielerte Weise, mich zur Straße zurückzubringen. Er lachte immer weiter, stieg in sein Auto und ließ mich einfach stehen, zum Glück reichte er mir noch meine Tasche aus dem Auto. Solche Szenen, schlitternd zwischen Angst und Neugier, gab es mehrere. Auch Nächte voller Lebenslust und viel Alkohol am Anfang sowie Verzweiflung am Schluss, alles wie in dem 2014 gedrehten Film „Liebe mich" - laut, unangepasst, taktlos, ehrlich und provokant. Ich wirkte unverwundbar, doch einsam tropften die Tränen auf meine

Tagebuchnotizen. So ist man/frau, wenn man zwischen dreizehn und siebzehn und mal himmelhochjauchzend und dann zu Tode betrübt ist, wenn man mal deprimiert ist und nichts hören und sehen will, sich dann wieder ins Partygetümmel wirft, nur um am nächsten Tag, romantisch gestimmt, einer Spinne beim Weben ihres Netzes zuzuschauen. Ach, wie viele Lieder verdanken wir diesem Tanz auf dem Seil, dem Flattern auf der Linie!

Diese Gefühlswelt aus Neugier und Lust blieb mir stets bewusst, die Not und die Ängste der Dreizehnjährigen kannte ich zudem aus Filmen und Geschichten, später untermauerten viele wissenschaftliche Werke mein Wissen über diese Zeit. Die (V)Erwachsenen sagen: „Das ist wie Grippe, das geht vorbei." Sicher, das geht vorüber. Schön ist es aber, wenn ein Mensch mit Verständnis ein bisschen mitleidet und mit Geduld bei der Einordnung von Pflicht und Lust hilft. Mir war immer bewusst, dass das Geschlechtliche DIE große Rolle für den Heranwachsenden spielt. Es sind die erotischen Gefühle und die Sehnsucht nach Liebe und Akzeptanz, die jede neue Generation anfällig für die Übergriffe und Verführungen Erwachsener macht, die eine Abweichung von der Spur bedeuten und ausgelebt werden sollten, damit man nicht sein ganzes späteres Leben pubertär verplempert. Scham- und Verdrängungserziehung in der frühen Kindheit führen zu einem verklemmten Erwachsenen-Ich. Wie spricht man mit jungen Menschen über Liebe und Sexualität? Den Obergärigen half ich mit einem Essensvergleich: „Fast jeder isst gern mal ein Würstchen oder einen Hamburger. Aber soll das die einzige Nahrung sein? Wir schätzen für ein Fest ein mehrgängiges Menü, bestehend aus Vorspeise, Hauptgericht, Nachspeise, vielleicht vorher ein Aperitif, zu den einzelnen Gängen den passenden Wein, hinterher Kaffee oder Tee und einen Digestif – so ein Festmahl macht noch mehr Spaß, wenn es an einem schön gedeckten Tisch mit gutem Geschirr und geputzten Bestecken, mit Servietten und allem Schnickschnack serviert wird." Und so ist es mit der Sexualität. Sie gehört zu uns, wir brauchen sie wie die Nahrung. Aber wir sollten dabei weder nur Fast Food akzeptieren, noch jeden Tag auf einem ausgefeilten Menü bestehen. Das gilt für Mädchen wie für Jungen, unabhängig von der sexuellen Ausrichtung. Und mit Liebe hat diese Sexualität noch sehr wenig zu tun. Die romantischen Gefühle, die dem Sex oft vorausgehen, hat die Natur für die Fortpflanzung erfunden. Liebe aber ist umfassender, die Liebe zum Leben ist die Basis unseres Seins. Liebe ist Bindung und Verantwortung, wir empfinden sie gegenüber Kindern und Eltern, Freunden und Freundinnen, dem Partner und der Partnerin – und immer auch gegenüber uns selbst. Diese bei mir sehr frühen Überlegungen prädestinierten mich als Gesprächspartnerin für Generationen von Jugendlichen.

Charakter ist Schicksal und ich fand meine Bestimmung als verständnisvolle Partnerin bei allen Nöten der Heranwachsenden, durchlebte immer aufs Neue das Suchen und die Ängste dieses Alters, dem ich nun, nach fünfzig Jahren, endlich entwachsen bin.

Mit einem Jugendaustausch mit deutschen und schwedischen Jugendlichen hatte ich 1965 angefangen, später machte ich Erfahrungen mit Sinti- und Roma-Kindern (damals sprach man noch von „Zigeunern"), baute die Kinder- und Jugendarbeit in einem Lager für sozial schwache Familie auf (einem „Obdachlosenasyl", wie man es damals formulierte) und erwarb weitere Kompetenzen in der Kinder- und Jugendarbeit. Anschließend studierte ich, Klassenfahrten und Sportfreizeiten waren die nächsten Herausforderungen und nach der Pensionierung kam die Aufgabe als Leiterin von Jugendkursen. 2015 hörte ich auf.

Die erste Jugendgruppe

Alles fing 1965 in Geesthacht an, einem Zwanzigtausend-Seelen-Städtchen in der Nähe von Hamburg. Ich war aus Lübeck meinem Mann an seinen Arbeitsplatz gefolgt, ein Kleinkind dabei, das ich selbst großziehen wollte, schließlich musste ich nicht „mitarbeiten". Von der eigenen Karriere der Frau war noch wenig die Rede, sie arbeitete, wenn überhaupt, für die bessere Couchgarnitur, für eine teurere Wohnung oder ein Haus, für eine luxuriöse Urlaubsreise, aber nicht um ihrer Eigenständigkeit willen. Ich kam aus festen freundschaftlichen Beziehungen, hatte mit meiner Mutter gelebt, die als Familienvorstand und Alleinerziehende von drei Kindern die komplette Elternschaft verkörpert hatte. Freunde hatten gelästert: „Wie willst du in einer Kleinstadt überleben?" Dem begegnete ich mit dem Hinweis, es gebe dort bestimmt einen Arzt, einen Apotheker und einen Pastor, mit dem man Umgang pflegen könne. Und so kam es denn auch erst einmal, aber das reichte mir nicht.

Einsam und frustriert! So stand ich vor der Wickelkommode in der Neubauwohnung, putzte dem Sohn den Hintern, lächelte ein schräges Lächeln, spielte seufzend mit ihm in der Stunde zwischen Nachmittagsschlaf und Abendgebet, wartete auf den Mann – wartete oft lange, er ging eigenen Interessen nach, Freunde hatte ich keine. Das wichtigste Umzugsgut in die Kleinstadt an der Elbe war mein acht Monate alter Sohn. Hausrat und Möbel waren überschaubar, nicht einmal ein Kubikmeter: Ein gebraucht gekauftes, sehr biederes Schlafzimmer, eine Kommode, das alte, von mir fröhlich angestrichene Kinderbett, die Liege aus meinem Jugendzimmer, die als Couch dienen sollte – mehr war es nicht. Mein Mann steuerte einen Schreibtisch bei, die weiteren Möbel kauften wir nach und nach dazu, Esstisch, Sideboard, Couchtisch, alles in Teak, das war der Geschmack der Zeit. Es war die Zeit der Siedlungen am Stadtrand: hell, luftig, Aufbauzeit; der x-te Gastarbeiter hatte gerade ein Moped bekommen. Wir zogen mit anderen jungen Familien in die fast fertigen Häuser ein, die die Nissenhütten verdrängten, zwei oder drei Kinder waren die Norm.

Ich war froh und stolz, einen Ingenieur geheiratet zu haben, dessen Gehalt es mir ermöglichte, Hausfrau und Mutter zu sein, von der Frustration der „grünen Witwen" hatte ich noch nichts gelesen. Aber einsam war ich schon in dieser ersten Zeit im Elbestädtchen dreißig Kilometer von Hamburg entfernt, mit der Staustufe und einem Pumpspeicherbecken als einzigen Attraktionen, ohne Auto, mit schlechter Zugverbindung nach Lübeck, wo Freunde und Familie wohnten. „Sie sind doch die große, schwarze Frau, die immer allein mit dem Kind und dem Hund spazieren geht", bemerkte einige Zeit später eine Bekannte, ich war ihr mit meinem schwarzen Mantel und dem traurigen Gesicht aufgefallen. Ja, ich war einsam und frustriert, war für mein Kind da und litt an mangelnder Kommunikation. Kein Vergleich mit den heutigen Cappuccino-Müttern vom Prenzlauer Berg! Was tun? In der Volkshochschule gab es einen Literaturzirkel, einmal wöchentlich ging ich dorthin, aber das war Luxus, ein Gefühl von Zugehörigkeit bot es nicht. Vielleicht könnte eine Mitarbeit in der Gemeinde eine Lösung sein? Durch die Taufe von Söhnchen Johann in der St. Petri Kirche lernte ich den Pastor kennen. Und so machte ich mich eines Tages auf den Weg zum Gemeindebüro. Irgendeine Tätigkeit ehrenamtlicher Art müsste sich doch finden lassen. Mir schwebte die Hilfe für ältere Personen, Einkaufen für eine kranke Mutter oder Ähnliches vor. Beherzt klopfte ich an die Tür und sah mich nach dem Eintreten einem großen, mittelalten Mann mit einem runden Schädel und braunen Haaren gegenüber, der mir Angst machte, auch wenn die braunen Augen mich nicht unfreundlich anblickten.

Rolf A. Peters saß in seinem winzigen, schmucklosen Büro im Torgebäude am Spakenberg und erledigte die Geschäfte der St. Petri Gemeinde in der Geesthachter Oberstadt. Aus seinem Fenster blickte er auf die Kirche, auf ihren wie ein umgedrehtes Schiff geformten Körper und den spitzen Turm. Die Kirche St. Petri, 1963 gebaut, protestantisch karg ausgestaltet und hell im Inneren, wies außen mit spitzem Gottesfinger den Weg in den Himmel – das war wie ein Zeichen, ein Hinweis auf die kommenden Tage, da wir auf dem Meer des Individualismus und Materialismus orientierungslos treiben sollten. Die Dichterin Ingeborg Bachmann sprach es in ihrem Gedicht „Reklame" aus: „Wohin aber gehen wir … Ohne Sorge sei ohne Sorge …!" Die Mission, Schutz vor den Unbilden des Lebens zu vermitteln, erfüllt die Kirche heute kaum noch. Aber vor fünfzig Jahren bot sie Halt. Der Forschungsreaktor der „Studiengesellschaft zur Förderung der Kernenergieverwendung in Schiffbau und Schifffahrt e.V." bot Arbeitsplätze und lockte junge Ingenieure und Wissenschaftler an; sie kamen aus unterschiedlichen Gegenden der Republik, brachten ihre Familien mit und die Siedlung um die Kirche herum wuchs. Immer mehr Baugelände wurde erschlossen. Aussiedlerfamilien aus dem Osten waren hier heimisch geworden, Ausgebombte aus dem zerstörten Hamburg waren hier gestrandet. Die das Wirtschaftswunder begründende Aufbauphase ging weiter.

Es gab also viel zu tun für den Kirchenbuchführer der Kirche in der wachsenden Siedlung. Jeden Monat wurden neue Wohnungen fertig. Es wurde geheiratet, Kinder wurden geboren und getauft, Konfirmanden wurden auf ihr Ja zur kirchlichen Zugehörigkeit vorbereitet, in der Verwaltung der Kirche fiel eine Menge Arbeit an. Inzwischen ist St. Petri Gemeinde mit der älteren von St. Salvatoris in Geesthacht zu einer Gemeinde zusammengefasst und die Verwaltung wird in acht Stunden in der Woche erledigt.

„Was kann ich für Sie tun?" Das klang so förmlich, am liebsten hätte ich mich zurückgezogen. „Tut mir leid, ich habe mich verlaufen, ich wollte nur fragen …" Aber dann brachte ich mein Anliegen doch einigermaßen klar heraus: „Ich hab Zeit, hab nur das Kind und den Hund zu versorgen, ich brauch kein Einkommen, ich möchte etwas Sinnvolles tun." „Hm. An was haben Sie gedacht?" „Vielleicht Müttern, die krank sind, im Haushalt oder bei der Versorgung der Kinder helfen. Ich könnt auch alte Leute betreuen, vielleicht für sie einkaufen oder ihnen vorlesen …" Der Satz blieb unsicher zwischen den kahlen Wänden hängen. „Für diese Aufgaben haben wir die Diakonie und die dort Angestellten. Aber uns fehlt jemand für die Jugendarbeit. Wir haben zwei Jugendkreise, einen für die gerade Konfirmierten und einen für die ab siebzehn Jahren. Beide betreue ich im Moment und das wird mir zu viel. Könnten Sie nicht einmal die Woche eine Gruppe von Jungen und Mädchen betreuen?" Das war nicht ganz das, was ich suchte. Ich wollte ja tagsüber eine Beschäftigung haben. Und nun sollte ich einmal wöchentlich abends das Kind allein lassen? Ich besprach das mit meinem Mann. Ein Babysitter? Zu teuer. Zum Glück war im Haus eine junge Familie eingezogen, die bereit war, an meinen „Clubabenden" nach Johann zu sehen. Und so fand ich mein „Feld".

1965 hatte man in den Großstädten mit selbstverwalteten Jugendzentren gerade erst begonnen. In kleineren Gemeinden war die Jugendarbeit fest in Vereinen und Verbänden verankert, von offener Jugendarbeit war in Geesthacht noch nicht die Rede. Erst viel später richtete auch Geesthacht ein städtisches Jugendzentrum ein – mit einem langhaarigen, selbstverständlich linken Sozialpädagogen als Leiter –, in dem die Kids am Nachmittag bis zum frühen Abend kickern, Tischtennis spielen, Angebote von Fotografie bis Computer wahrnehmen oder einfach nur herumlungern konnten.

Offene oder geschlossene Jugendarbeit? Heute ist das keine Frage mehr. Wie alles hat sich auch dieser Bereich diversifiziert und es bestehen viele Freizeiteinrichtungen aller Art nebeneinander. Das macht die Einrichtung von Gesamtschulen mit einem verbindlichen Alltag bis 16 oder sogar 17 Uhr schwierig. Viele der Jungen und Mädchen ab zehn Jahren sind in einem Sportverein, sie lernen in der Musikschule ein Instrument, sie engagieren sich bei der freiwilligen Feuerwehr oder dem Roten Kreuz. Das Modell einer Ganztagsschule beruht auf dem Gedanken, dass alle Eltern berufstätig sind und der Abend der Familie gehört. Die Verhältnisse in Deutschland liegen aber anders. Die industrielle Arbeit mit ihren festen Arbeitszeiten ist zurückgegangen, viele Jobs sind zeitlich flexibel ausgestaltbar, Familien bestehen aus mehreren „zusammengewürfelten" Eltern und Kindern. Die Lebensgestaltung wird immer individueller. Für Kinder aus sozial schwachen Familien hält wahrscheinlich der Ganztagsbetrieb genau die Angebote bereit, die die Kinder sonst nicht wahrnehmen können, da aber die Mehrheit der Familien in Deutschland über ein festes Einkommen verfügt, ist die Schule der Ort, an dem es um Leistung und Aufstiegschancen geht – nicht der Ort einer ganzheitlichen Bildung.

Die Jugendarbeit an der St. Petri Kirche in Geesthacht, meinem Betätigungsfeld, war in festen Gruppen etabliert. Die sich langsam ins Bräsige wendende Republik war dabei, sich zu konsolidieren. Die Gemeinde hatte zwei feste Jugendkreise. Einen, zu dem die gerade Konfirmierten eingeladen wurden, einen für die Älteren. Beide trafen sich einmal wöchentlich, die „Neuen" um 18.30 Uhr für anderthalb Stunden, die Älteren, so ab siebzehn Jahren etwa, trafen sich in der „Jungen Gemeinde" zeitlich später. Bei unserem zweiten Treffen im Gemeindebüro besprachen wir die Einzelheiten meiner Arbeit: Kennenlernspiele, überhaupt Spieleabende, Diskussionen, Aufklärungsarbeit, Vorbereitung von Gottesdiensten, Singen, Tanzen usw. Und dann eröffnete Rolf A., wie ich ihn bald nur noch nannte, eine neue Option: „Wir haben Kontakt zu einem schwedischen Pastor in Helsingborg (bis 1971 Hälsingborg). Der drängelt, wir sollen einen deutsch-schwedischen Austausch organisieren." Ich war begeistert. In meiner Biografie fiel in dem Moment ein Dominostein. Ich hatte ein paar Jahre zuvor als Au-pair-Mädchen bei einer Familie in Uppsala gelebt und ein wenig Schwedisch gelernt, ich hatte als Mitglied der Deutschen Angestellten-Gewerkschaft eine Austauschreise mitgemacht und meine Schwedisch-Kenntnisse anwenden können, hier eröffnete sich gerade eine weitere Möglichkeit für meine nordische Affinität, ich war – gelinde gesagt – glücklich. „Machen wir eine Vorbereitungsreise nach Helsingborg", schlug Rolf A. vor. Meine Begeisterung war groß, die Skepsis meines Mannes auch, denn wer sollte während der Zeit auf das Kind aufpassen? Es lag drohend in der Luft: Du hast in erster Linie Mutter zu sein, danach kannst du dich auch für anderes interessieren! Wir waren ja erst am Anfang der Emanzipation, „Mehr Frauen in die Politik" wurde zu „Meerfrauen …" verballhornt, die Diskussionen fingen mit Alice Schwarzer (und mir!) gerade erst an. Die Forderungen nach gerechten Bildungschancen, nach Ausbildung auch für Mädchen, nach Mädchen in Männerberufen, das waren durchaus virulente Themen, denen aber mit vielen Gegenargumenten begegnet wurde. Frauen, so ließen sich kritische Stimmen vernehmen, könnten keinen Bus fahren und „in ein Flugzeug, das eine Frau steuert, steige ich nicht ein". Und überhaupt: War es richtig, dass Frauen den Führerschein machen durften? Waren sie gar die besseren oder die schlechteren Autofahrer? „Frau am Steuer – das wird teuer!" Wie fern liegen heute die längst von den Tatsachen überrollten Vorurteile.

Jeden Montag machte ich nun den Weg zum Spakenberg. Nach dem Kreis mit den Jüngeren übernahm ich von Rolf A. auch bald die ältere Gruppe und organisierte mit ihnen wie mit den jüngeren Spiel- und Spaßabende. Die Schwalbacher Spielekartei bot vielfältige Auswahl für „Spiele ohne Sieger", „Einer gegen die Gruppe" und Wettbewerbe zur Geschicklichkeit. Manche dieser Gruppen- oder Wettspiele tauchen in Interaktionskursen und für die Arbeit mit Kindern zum Abbau von Aggressionen auch heute immer wieder auf. Die Tanzabende waren beliebt, zu den Diskussionsabenden kamen nur wenige, zu fern war das politische Geschehen mit Themen wie: Wohnen als Ware, Trennung von Wohn- und Arbeitswelt, Berufstätigkeit der Mütter, Sexualität und Partnerschaft, Freundschaft mit den zuwandernden Arbeitern, vor allem Italienern und solchen aus Jugoslawien, einem Land, das es heute gar nicht mehr gibt. So viel Entwicklung, so ein dummer Krieg! Wir wurden, man muss es so sagen, zunehmend kritisch gegenüber der Erhard'schen Fortsetzung der Politik des Alten aus Rhöndorf und seiner Partei und diejenigen, die kamen, diskutierten emotional. Nicht so scharf wie die sich langsam formierende studentische Opposition, aber doch sehr engagiert. Zu solchen sehr politisch gefärbten Themen kamen eher die älteren Jugendlichen, die jüngeren wollten tanzen, flirten, brauchten die Propriozeption im direkten Feedback der Peergroup. Die jungen Menschen waren meine Lehrer: Sie lehrten mich, über diese Altersstufe zu reflektieren, in der man nicht Fisch, nicht Fleisch ist, in der man gleichzeitig alles ausprobieren will, die Grenzen austestet und sich im nächsten Augenblick klein und hilflos fühlt, in den Arm genommen und getröstet werden will. Einstieg in die eigene Rolle wird geübt, oft mit wenig Verständnis seitens der Erwachsenen, vor allem der Eltern, die mit ihrer Erinnerung an die eigenen Dummheiten ihr Kind vor Schaden bewahren wollen und damit das notwendige Vertrauen zerstören. Welch ein Feld für meinen Einsatz eröffnete sich durch diese Tätigkeit!

„In der Pubertät lief alles aus dem Ruder. Die Aufsicht meiner Eltern ließ in dieser Zeit etwas nach, sodass ich mich verselbstständigte und in der Schule ein renitenter Flegel wurde. Ich habe mich nicht an die Regeln gehalten, die Schule geschwänzt und stattdessen im Stadtpark Musik gehört", gab ein Freund von mir zu. Ein anderer saß mit fünfzehn Jahren lieber in der Gartenlaube seiner Großeltern und las stundenlang Nietzsche, fern der Schule lernte er mehr als Physik und Mathe. Derlei Beispiele lassen sich beliebig viele aufführen. Alle paar Jahre gibt mindestens ein Schriftsteller dem Lebensgefühl dieser Lebensphase Ausdruck, so zum Beispiel J. D. Salinger 1951 im „Fänger im Roggen" und 1999 Benjamin Lebert in „Crazy". Die Darstellungsform wechselt, der Widerstand gegen das Etablierte, in das man dann doch irgendwann eintreten muss (Lebert machte 2003 den Hauptschulabschluss) bleibt gleich. „Hübsche Mädels wachsen immer wieder auf, lass doch der Jugend ihren Lauf!" Und man ist so verdammt unsicher über die eigene Erscheinung: zu dick, zu dünn, zu groß, zu klein, gelockte Haare, glatte Haare … Eine Freundin erzählt: „In meiner Klasse hatten alle Mädchen diese hübschen kleinen Stupsnäschen. Meine Nase schien mir zu lang und zu gerade. So schob ich, wann immer ich eine Hand frei hatte, die Nasenspitze mit einem Finger nach oben in der Hoffnung, sie ließe sich ebenfalls ein bisschen nach oben biegen. Eines Tages saß ich in der Cafeteria unserer Schule und bemerkte, wie mich drei Jungen aus der Oberprima am Nebentisch anstarrten. Das geschah wegen meiner unzulänglichen Nase, dachte ich und versuchte, sie zu verdecken. Dann stand einer der Drei auf und sagte zu mir: ‚Entschuldige. Wir bewundern die ganze Zeit deine griechisch-römische Nase‘. Da merkte ich zum ersten Mal, dass man auch bemerkt wird, wenn man nicht so ein gebogenes Näschen hat.“ Nase, Ohren, Ohrläppchen, die Augen, die Augenbrauen, die Wimpern – alles wird mit neuem, kritischem Blick gemustert. Aber die Verrücktheiten heutiger Teenager, die sich allerlei am Körper „richten“ lassen, weil es nicht dem gerade herrschenden oder ihrem eigenen Schönheitsideal entspricht, gab es 1965 noch nicht.

Ja, es ist schwierig, sich mit dem eigenen Körper, dem eigenen Erscheinungsbild zu identifizieren. Man lernt sich ja gerade erst kennen. Nicht ohne Schmerz entdecke ich heute Models, die mit elf oder zwölf Jahren bereits für Magazine posieren, die den Schmelz der eben aufblühenden Blume verkörpern und damit viel zu früh vermarktet werden. Bei einigen Auswüchsen gibt es zum Glück Haltelinien. So zum Beispiel bei der Teilnahme an bestimmten Musik- und Sportwettbewerben.

Für mich gab es häufig Schwierigkeiten, weil ich mich auf die Seite der jungen Menschen stellte. Einmal feierten wir eine Party im Gemeindehaus. Und wie immer bei derlei Tanzvergnügungen spielte sich das Wesentliche vor der Tür ab. Im Saal waren ein paar Tänzer, aber immer wieder verschwand die eine oder andere Gruppe aus dem Licht und huschte ins Dunkle. Ab und zu ging ich auch hinaus, um zu schauen, ob alles im Rahmen blieb, um die

Übersicht zu behalten, wer wo draußen herumstromerte. Ja, ich nahm sie wahr, die Pärchen, die herumknutschten und sich auch ein bisschen befummelten. Von Sex konnte bei diesen wohlerzogenen Kindern nicht die Rede sein, aber sie knutschten intensiv. Am nächsten Tag kam ein Anruf von Anwohnern: „Gestern haben Mädchen und Jungen in der Nähe des Gemeindehauses geküsst." „Ja, und?" „Das ist skandalös. Das ist Unzucht in der Öffentlichkeit." Ich war irritiert. Für mich war alles im Rahmen geblieben, kein Mädchen war verschwunden, keine Eltern hatten sich beschwert; ich gab der Anruferin eine patzige Antwort und da ging der Sturm erst richtig los: „Ich werde dafür sorgen, dass Sie nie wieder einen Tanzabend machen dürfen. Überhaupt sind Sie eine Gefahr für unsere Jugend. Man darf Sie nicht wieder einsetzen. Ich werde mich bei unserem Pastor über sie beschweren."

Zum Glück übernahm mein Ehemann jetzt das Gespräch und konnte die aufgebrachte Person beruhigen. So lernte ich, die Jugendlichen vor den Gefahren zu warnen, die von allzu besorgten Erwachsenen ausgehen, und gleichzeitig darauf zu achten, dass sie sich nicht zu obszön in der Öffentlichkeit zeigen. Häufig solidarisierte ich mich mit ihnen gegen die Erwachsenen.

Deutsch-schwedischer Jugendaustausch

Ratata, ratata … Der Zug rollte durch den frühen Morgen nach Norden, Rolf A. und ich waren auf dem Weg nach Helsingborg, dem Einfallstor nach Schweden. Spannend war die Fahrt im Zug auf die Fähre in Puttgarden. Ich kannte von früheren Reisen gen Norden noch die alte Fährverbindung von Großenbrode aus. Seit zwei Jahren gab es den Autofährhafen in Puttgarden und ich fuhr zum ersten Mal über die neue Fehmarnsund-Brücke, diesen ästhetischen „längsten Kleiderbügel der Welt". Für Rolf A. war es ein großes Abenteuer. Auf der langen Reise erzählte er mir von seiner wundersamen Rettung: „Ich war fast noch ein Kind, als ich in die Endphase des Krieges in der Nähe von Hamburg hineingezogen wurde. Ich wurde durch einen verirrten Bombensplitter verwundet, eigentlich nur leicht, aber im Lazarett bekam ich eine Lungenentzündung, steckte mich mit Tuberkelbazillen an, eine Hälfte der Lunge wurde entfernt, die andere war angegriffen. Man gab mir kein halbes Jahr zu leben mehr, mein Leben schien vorüber, ehe es angefangen hatte."

Wir wurden unterbrochen, weil die Fähre in Rødby anlegte, dieses Manöver wollten wir uns ansehen, außerdem mussten wir auch wieder in den Zug steigen, den wir während der Überfahrt verlassen hatten. Aber dann erzählte er weiter: „Ich hatte mich in meine Krankenschwester verliebt. Und als ich für den Rest meines Lebens entlassen wurde, heirateten wir." Es war unvorstellbar: Ein todgeweihter ehemaliger Soldat saß mir achtzehn Jahre später im Zug nach Schweden gegenüber! Wie hatte er diesen Tod überwunden? „Wenn du einmal stolperst, denkst du vielleicht, du hast nicht aufgepasst. Wenn du wieder stolperst, schaust du, ob da vielleicht eine Schwelle aus dem Boden gewachsen ist. Wenn du das dritte Mal hinfällst, machst du dir Gedanken, ob dich nicht jemand geschubst hat. Für mich war mein dreimaliges Stolpern der Auslöser, mich umzuschauen, und da entdeckte ich das Lächeln Gottes."

Gott, die Kirche, die Gemeinde! Wie hängt das alles zusammen? Welche Erfahrungen bewirken, dass wir einen Sinn in Gott sehen? Die Gürtel der Wehrmacht trugen den Aufdruck „Gott mit uns"! Lässt sich ein Gott auf diese Weise zum Töten missbrauchen? Was sagt die Ringparabel? Der echte Ring hat die Gabe, „vor Gott und Menschen angenehm zu machen, wer in dieser Zuversicht ihn trug". Dann konnte der Gott des Krieges kein „wahrer" Gott sein, denn Krieg macht weder vor einer höheren Macht noch vor den Menschen einen guten Eindruck. Meine Gedanken liefen ins Leere. Sollte Gott vielleicht nur eine Metapher für eine individuelle Erklärung des eigenen Schicksals sein? Einfach ein missbrauchtes Wort? Eine üble Rechtfertigung für Machtgelüste und Allmachtsfantasien? Und in seinem Namen konnten alle Gräuel begangen werden, die sich Menschen nur ausdenken konnten? Folter, Töten, Gaskammern für Andersgläubige? Derselbe Gott? Der Gott des Alten und des Neuen Testaments? Wie sollte ich da weiterkommen? „Du sollst dir kein Bildnis noch irgendein Gleichnis machen!", heißt es, aber so viele Bilder werden in einem Kind erzeugt, die zeigen einen freundlichen alten Mann mit weißem Bart. Und wie oft wurde ein Auge als Sinnbild des Allessehenden in einer Barockkirche an die Decke gemalt?

Der Mensch hat die Tendenz, alles zu vermenschlichen. Da muss eine metaphysische Größe eben ein menschliches Antlitz bekommen. Immer wieder verhakte mich ich in den Gedanken an die Theodizee, an das Böse, an ein gottgefälliges Leben. Dass ich damit nicht fertig bin, machte mich bereit, mich mit jedem der vielen Jugendlichen, die im Laufe der Jahre mit mir ein Stück des Weges gegangen sind, auszutauschen über die Endlich- und Ewigkeitsfragen und die Sehnsucht nach einem Sinn, über biologische Determiniertheit und individuelle Gestaltung, darüber, wie alles mit allem zusammenhängt, und über die Unsterblichkeit der Seele. Wie manche Nacht haben wir am Lagerfeuer diese nicht zu beantwortenden Fragen hin und her gewälzt, aus den Flammen die Antworten abgelesen, die Träume geträumt, das Numinose wahr werden lassen.

Rolf A. und ich waren inzwischen in Kopenhagen, wir mussten umsteigen und bald ging es erneut auf die Fähre, diesmal über den Öresund von Helsingør nach Helsingborg. Am Bahnhof wurden wir von einem hochgewachsenen, etwas gebückt gehenden, sehr mageren Mann mit schütterem Haar empfangen – dem ehemaligen Seemannspastor Ragnar Värmon, jetzt Gemeindepfarrer von Råå, dem südlichsten Stadtteil von Helsingborg an der Öre-sundküste, betraut mit der gemeindlichen Jugendarbeit und durch eine Fügung mit Rolf A. bekannt. Jetzt standen wir hier und sollten der Idee mit dem Austausch junger Leute Leben einhauchen. Ragnar wirkte etwas linkisch; obwohl er, wie sich später herausstellte, weltweit als Seemannspastor unterwegs gewesen war, stellte er sich als unglaublich unpraktisch bei allen Aufgaben eines normalen Alltags heraus. Mit ihm stand eine kleine Frau um die fünfzig am Bahnhof. Bei ihr, einer aus Nazi-Deutschland geflohenen Erzieherin, die in Helsingborg einen kleinen privaten Kindergarten betrieb, war ich untergebracht. Wir verstanden uns gut, obwohl sie noch voll von den Leiden des Exils war, auch wenn es inzwischen der gewählte Dauerwohnsitz war. Sie nahm in den nächsten Jahren regen Anteil am Jugendaustausch und sorgte immer wieder für das Programm in Råå.

Råå liegt hinter dem Öl- und Containerhafen Helsingborgs – ein ehemaliges Fischerdörfchen mit einem kleinen pittoresken Hafen, mit Einfamilienhäusern, insgesamt mit einer bürgerlich etablierten Einwohnerschaft. Es war alles so hübsch und gepflegt, so sauber und grün-blau. Meine Jugend hatte ich im windschiefen Basement der Lübecker Altstadt verbracht, schräge Wände und Böden, kein Badezimmer, waschen am Ausguss, das Klo unter der Treppe hinter den Ölfässern für die Heizung. In der Puppenstubenpracht der schwedischen Einfamilienhäuser kam ich mir wie eine Prinzessin vor. Wir trafen uns mit den Eltern der Austauschkinder. Sie waren alle so nett, so freundlich, so entgegenkommend, so angenehm, so höflich, so offen – so hatte ich mir die Schweden immer vorgestellt. Wir wurden eingeladen und verbrachten einen informativen Abend mit diesen Austauschfamilien. Ich war aus meiner Geesthachter Frustration in eine Badewanne des Wohlbefindens umgestiegen.

Der Austausch glückte: Im Sommer reisten zwölf Jugendliche aus Schweden in Geesthacht an und wurden bei Gastfamilien untergebracht. Ach, wie schwierig war es gewesen, die Ängste der Eltern zu zerstreuen: „Wir haben kein Gästezimmer." – „Ich muss arbeiten, unsere Tochter muss den Gast morgens versorgen." – „Wir haben kein Extrabett, auf einer Matratze kann der Gast doch nicht schlafen." – und so weiter und so weiter. Scham und Ängste waren bei den einfachen Familien zu überwinden, kleinen Handwerkern, in Geesthacht sesshaft Gewordenen aus Hamburg oder den ehemaligen Ostgebieten. Die hatten zumeist einen kleinen landwirtschaftlichen Nebenerwerb, ein paar Hühner, zwei Kaninchen, ein paar Obstbäume, ein kleines Kartoffelfeld, bauten ein bisschen Gemüse an. Waltraud schrieb mir nach langem Hin und Her: „Ich kann auch zwei Mädchen aufnehmen, wenn sich niemand findet." So hatten sich endlich entsprechend viele Familien gefunden, die bereit waren, ein oder zwei Gäste zu beherbergen. Ragnar brachte die zwölf mit dem Zug nach Geesthacht, über die Fähre, Umsteigen in Lübeck – damals war der Lübecker Bahnhof ein belebter Umsteigeplatz nach Norden, abgelegen und verloren ist der Bahnhof fünfzig Jahre später! –, Umsteigen in Hamburg in die S-Bahn, Umsteigen in Bergedorf in einen Bus Richtung Lauenburg. Für diese Reise, die man im Jahr 2015 mit dem Auto in sechs Stunden locker bewältigt, brauchte man 1965 einen ganzen Tag.

Und dann waren sie angekommen und sie waren so, wie wir uns die schwedischen Jugendlichen vorgestellt hatten: blond und blauäugig! Nicht alle, aber doch die meisten. Brav und schüchtern standen sie da, die Mädchen in ihren Kleidchen und Kostümchen, so dünn und hübsch, wie unsere Jungen sich Schwedinnen erträumt hatten. Die deutschen Mädchen waren misstrauisch: Werden uns die Schwedinnen die Jungen wegnehmen? Und nur zwei Jungen als Ausgleich – ungerecht! Wohlerzogen machten sie Knickse und Diener, Mai-Britt und Britt-Marie, Elisabeth, Gunilla und Inga. Noch heute gegenwärtig ist mir die kleine Berit, die mit ihren Sommersprossen und den zu Zöpfen geflochtenen Haaren, die über den Ohren zu Schnecken aufgerollt waren, an Pippi Langstrumpf erinnerte!

Abends wurden die zehn Mädchen und zwei Jungen sowie der Pastor im Gemeindehaus von Rolf A., unserem Pastor Kühnel und den Gastfamilien begrüßt. Ragnar sprach ein paar Worte, ich sagte etwas auf Schwedisch und Deutsch. Welche Spannung immer wieder! Wenn Jugendliche zum Austausch irgendwo ankommen, ist diese beiderseitige Gespanntheit körperlich spürbar: Wer kommt da? Welche Kultur bringt jemand mit? Welche Manieren hat er/sie? Wird ihm/ihr unser Essen schmecken? Welche Ansprüche werden gestellt, können wir die erfüllen? Werden die Gäste unsere Art schätzen, wird alles fremd für sie sein? Wird sich die Verständigung herstellen lassen? Brav und wohlerzogen gab man sich die Hand und wechselte schüchtern erste Worte. Und dann folgten die Gäste den Mädchen und Jungen aus meinen Jugendkreisen in ihre Familien und in eine Woche voller Abenteuer. Ich hatte für diesen ersten Austausch ein Programm zusammengestellt und ein winziges Budget zu Verfügung. Ich machte zu dem Zeitpunkt alles allein – wie anders in meinem letzten Jugendkurs im Jahr 2015, in dem neben den Sprachlehrkräften Betreuer für die Beschäftigung sorgten und einiges an Verwaltungspersonal den Ablauf begleitete. Da haben sich die Zeiten grundlegend verändert. Das Programm aber besteht damals wie heute aus denselben Elementen: Ausflüge, Besichtigungen, Sport, Spaß und Spiel, Musik und Tanz.

Am nächsten Tag trafen wir uns im Gemeindehaus und die ersten Ängste waren verflogen. Die Verteilung schien geglückt und es stellte sich heraus, dass auch in Schweden nicht jedes Kind ein eigenes Zimmer hatte. Die meisten Gäste konnten ein paar Brocken Deutsch, ansonsten wurde die Kommunikation mit Gesten und Herzlichkeit aufrechterhalten. Und so startete das Programm: Wir hatten eine Orientierungstour organisiert, also eine Rallye zum Kennenlernen des Ortes, eine Busfahrt nach Hamburg inklusive Hafenrundfahrt, Empfang im Rathaus der Stadt Geesthacht, Spiele, Grillen an der Elbe, Schwimmen gehen im Geesthachter Freibad, Party, die Einstudierung von Theateraufführungen für einen geselligen Abend mit Sketchen und Vorträgen. Am Gottesdienst beteiligten sich die Schweden mit einem Lied aus ihrer Gemeinde.

Es gab aber auch Befremdliches. Die schwedischen Jugendlichen durften rauchen und sie kannten nicht die Floskel vom Teller, der leer zu essen sei. Sie nahmen sich gewaltige Mengen und aßen sie dann nicht auf. Damit nicht genug: Im Restessen wurde gemanscht und manchmal fand ich ausgedrückte Zigaretten darin. Das war nicht nur eklig, sondern stellte mich auch vor die hilflose Frage, wie ich dieser Unart begegnen sollte. Durften sie das zu Hause? Soll oder muss man sie bestrafen? Das schien unhöflich. Wir sprachen mit den deutschen Jugendlichen darüber. Sie beobachteten daraufhin die Gäste und fragten nach, ob das in Schweden üblich sei. Danach nahmen vor allem die Jungen immer noch zu große Portionen, aber die Reste wurden ohne zusätzliche Markierungen zurückgegeben.

In jeder Gruppe bildet sich nach kürzester Zeit eine Hierarchie. Und da gibt es immer ein Exemplar mit besonders kreativen Verhaltensideen. Bei dieser Reise war es Robert, den wir Robby nannten. Egal, was wir machten, er verstand es, die Aufmerksamkeit auf sich zu lenken; nicht immer war das zum Lachen und mir jagte er manchmal einen Schreck ein. Zum Beispiel bei dieser Gelegenheit:

Hamburg, Hafenrundfahrt, wir warten auf die Barkasse. Die Kids spielen Abschlagen, gucken sich die Aushänge an. „Nun bleibt doch mal zusammen. Wenn das Schiff kommt, müssen wir zusammen sein, ich habe die Karten", so bemühe ich mich, den Trupp beieinanderzuhalten. Am liebsten würde ich sie zu zweit antreten lassen, aber das widerspricht dem Zeitgeist. Und dann kommt das Schiff. „Wo ist Robby?", schreit alles durcheinander. „Eben war er noch da!" „Er war auf der anderen Plattform." Die Aufregung ist groß und meine Gedanken machen die tollsten Bocksprünge: Die anderen fahren lassen? Nein, geht nicht! Alle wieder von Bord? Oh ja, aber einige sind schon im Schiff, einige am Oberdeck, wie soll das gehen? Wie soll ich sie wieder herausholen? Ich blicke mich um und sehe überall Menschen, aber nicht meinen Ausreißer.

„Da, da ist Robby!" Da steht er, tatsächlich, an einem anderen Anleger. Mein Schreck ist noch größer, hilflos blicke ich den Schiffshelfer an: Bitte, bitte, was soll ich tun? Das Heck unserer Barkasse berührt diesen Anleger fast und – ich wage nicht hinzusehen – Robby nimmt Anlauf und springt auf unser Boot. Er lacht, die anderen umarmen ihn und ich sinke total geschafft auf eine Bank. Da kommt jemand vom Personal und schimpft mit mir: „Sie müssen Ihre Gruppe zusammenhalten. So ein Unfug darf nicht vorkommen!" Ja, das denke ich auch!

Wie bändigt man diese Abenteuerlust? Wie schafft man den Ausgleich zwischen Laufenlassen und Festhalten? Zwischen Disziplin und autonomen Handeln? In sehr autoritären Gesellschaften fällt das „schwarze Schaf" bald auf und wird entsprechend verbissen. In einer freiheitlichen Gesellschaft müssen alle integriert werden und die Erziehungsinstanzen sehen sich mit der Schwierigkeit konfrontiert, den Prozess der unangepassten Eingliederung immer neu mitzugestalten.

Der Abschiedsabend kam. Der Gemeindesaal war geschmückt, wir trugen Lieder und Sketche vor. Eine kleine Aufführung des Stückes „An allem ist die Katze schuld" löste besondere Heiterkeit aus. Der Pastor der Gemeinde im Schürzenkleid und Kopftuch spielte die Prinzessin, die dicke Frau Hoch war der König und unser blondlockiger Schwede Jan mimte seine Gemahlin. Alles, was in

31

diesem Stück getan wird, wird auch gesagt; mit den Worten „Der König tritt auf" betrat Frau Hoch die Bühne und mit den Worten „Im Gefolge seine ergebene Königin" folgte Jan. So geht es durch das ganze Stück und am Schluss sind alle tot. Der König erhebt noch einmal seinen Kopf von den Brettern und spricht: „Der König ist immer noch tot", worauf die Königin den Kopf hebt und spricht: „Im Gefolge seine ergebene Gemahlin". Und schließlich endet das Stück nach den Worten der Prinzessin „Die Prinzessin ist immer noch tot und immer noch reizend" mit den Worten des Vorhangs „Der Vorhang fällt für immer", wobei der Spieler des Vorhangs über alle anderen fällt. Vor allem durch die kreative Besetzung und die ausgefallenen Kostüme bekam das Stück seinen Reiz. Immer wieder wurden später Sätze aus dem Stück zitiert, ein herrlicher Spaß. Überflüssig zu erwähnen, dass alle dem Programm folgten und auch beim Tanzen mitmachten, das Fest endete spät in der Nacht.

Fazit: Nach zehn Tagen war niemand verletzt, niemand musste von weiteren Veranstaltungen ausgeschlossen werden, Freundschaften hatten sich gebildet und nun ging es für weitere zehn gemeinsame Tage nach Schweden. Zehn Tage Geesthacht, zehn Tage Råå, so war es geplant und so wurde es auch durchgeführt. Jetzt konnten die schwedischen Gäste bereits gut Deutsch und so erklärten sie auf der Fahrt dies und jenes und beantworteten alle Fragen. Alles war voller Wunder, die Welt wurde weit und groß für unsere kleinstädtisch geprägten Jugendlichen.

Schwierigkeiten gab es an der Grenze. Murat sah sehr süd-ost-europäisch aus. Er war mit drei Jahren mit seinen Großeltern aus der Türkei gekommen, hatte längst einen deutschen Pass, aber es gab noch kein Schengener-Abkommen und die Grenzkontrollen waren streng. Murat sollte mit den Grenzbeamten gehen, das wollte ich nicht zulassen: „Ich bin die einzige Begleitung für die ganze Gruppe", diskutierte ich verzweifelt mit den Beamten. Es half nichts, wenigstens um seine Fingerabdrücke zu nehmen, musste Murat mit in die Grenzstation. Ich kann es mir jetzt kaum noch vorstellen, dass wir diese Prozedur sowohl bei der Einreise in Dänemark als auch in Schweden über uns ergehen lassen mussten. Glückliches Europa, das diese Schranken abgebaut hat! Und wie bedauerlich, dass durch Kriege im Nahen Osten und Unfähigkeiten in der Weltpolitik nun wieder strengere Maßnahmen herrschen. Bei jedem internationalen Jugendaustausch werden mir die äußeren Grenzen der Staaten bewusst, das Positive von Abkommen und die negativen Auswirkungen für alle bei Verstößen gegen die Gesetze einiger Weniger.

In Helsingborg gab es ein ähnliches Programm wie in Geesthacht. Auch hier eine Rallye, nicht über die ganze Stadt, aber doch im Stadtteil Råå, in dem Ragnar wirkte und wo sich die Familien für Unterkunft und Verpflegung fanden. Ich schlief wieder bei Hedwig Reh, der Deutschen mit dem Kindergarten in Schweden und den unverarbeiteten Hassgefühlen. Es wurde fast eine Freundschaft daraus, aber es blieb ein heimlicher Vorwurf, denn ich gehörte nach wie vor zum Tätervolk, auch wenn sie mir die „Gnade der späten Geburt" zugestand.

Bei einem Ausflug nach Kullen, der Halbinsel nördlich von Helsingborg, lernte ich „schwedische Sommerfreuden" kennen. Ein Kirchenkonzert nachmittags um fünf, danach Kaffee und Kuchen bei „Flickorna Lundgren", dem bekanntesten Café Schwedens, in dem auch der König seine Vanilleherzen gern verzehrt. Diesen Ort besuche ich seitdem von Zeit zu Zeit immer wieder mit großer Freude über die Beständigkeit von Bräuchen. In einem geduckten, mit Reet gedeckten Häuschen sucht man das Gebäck aus und bekommt es auf einem schönen braunen Keramikteller mit, man bestellt dort auch Kaffee oder Saft, bezahlt alles sofort und nimmt dann Platz im großen Garten an einem Tisch mit traditionell blau-weiß oder rot-weiß gewürfelten Tischdecken. Eine freundliche Serviererin bringt Geschirr und Getränke, sie hat aber mit der Abrechnung nichts zu tun. Es ist eine so friedvolle und reizende Stimmung, man wähnt sich im Garten der Semiramis gelandet. Besuchen kann man das Café schon mal vorab im Netz (www.fl-lundg-ren.se) und man sollte es sich für den nächsten Schwedenbesuch auf die Agenda schreiben.

Wir machten mit den Jugendlichen einen Ausflug zur Insel Ven, mitten im Öresund – die Insel, auf der Tycho Brahe gelebt und geforscht hat. Es regnete schon auf der Überfahrt. Es regnete auch auf der Insel. Es regnete und wir trieften bereits ziemlich vor Nässe. Wo sollten wir picknicken? Kurz im Gemeindehaus nachgefragt und schon saßen der Pastor und ich mit unseren achtundzwanzig Schützlingen im Kirchlein der Insel, durften im heiligen Raum essen und trinken und spielen, sangen zum Abschluss ein Danklied – das konnten wir auswendig! – und bei immer noch leichtem Nieselregen bestiegen wir glücklich das Schiff zurück zum Festland. Unvergesslich für uns alle: ein Picknick in einer Kirche! Vor Kurzem habe ich über Kirchen in Frankreich gelesen, in denen man übernachten kann; viele Kirchen sind inzwischen säkularisiert, als heilige Räume braucht man sie immer weniger, aber 1965 war das ein Ereignis, das uns tief beeindruckte. Für Ragnar Värmon jedoch war es fast eine Selbstverständlichkeit. Er hatte ja als Seelsorger für die Seeleute sehr häufig Not und Leid auf ungewöhnliche Weise lindern müssen, nicht jeder Seemann war sonntäglich gebadet und gekleidet mit seinen Anliegen zu ihm gekommen. Abgerissen, betrunken, ihrer Barschaft beraubt hatten sie an die Kirchentür geklopft und er hatte ihnen im Kirchenraum Unterkunft und Verpflegung gewährt. Wenn man fährt, so sammelt man „Erfahrung". Es sind diese besonderen Er-Fahrungen oder Er-Lebnisse, die wir unseren Enkelkindern erzählen.

Und heute? Im Jahr 2017 gewähren Kirchen Flüchtlingen aus aller Welt Hilfe. Man mag gegenüber mancher Bigotterie in Kirchenkreisen skeptisch sein, aber man sollte jeweils auch all das Gute betrachten, das die Kirchen und Gemeinden bewirken. Es stimmt vielleicht, dass mit der Bibel heutige Fragen nicht mehr verständlich beantwortet werden können. Die Herausforderung jedoch bleibt, jungen Menschen den Weg in ihr eigenes Leben mit

Demut aufzuzeigen, angesichts der Größe dessen, was außer uns ist. Das Bewusstsein von der Winzigkeit des Menschen im All und der Eitelkeit allen Strebens gehören für mich zu einem gelungenen Leben, so schicksalhaft schwer es individuell auch sein mag.

Wir ahnten bei Beginn nicht, dass die Kontakte gleich derart intensiv werden würden, dass Britt-Marie sofort nach den Tagen in Helsingborg wieder mit nach Geesthacht kam und noch zwei Wochen bei der Gastfamilie blieb. Danach waren einige Deutsche für den Rest ihrer Ferien wieder nach Schweden gereist, ich bekam eine Karte, die von glücklicher Ankunft zeugt und noch einmal bekräftigt: „Ich hatte es sehr schön dort in Geesthacht."

Das zweite Jahr - Wir bauen eine Mauer

Im folgenden Jahr realisierten wir ein gemeinsames Projekt. Die schwedischen und deutschen Jugendlichen, weitgehend dieselben wie im Vorjahr plus ein paar neue, trafen sich in Heiligenhafen. Dort brauchte ein Kinderheim eine Mauer gegen die Wellen, die bei Sturm am Grundstück fraßen. „Wir bauen diese Mauer gemeinsam", war beschlossen worden und so trafen die Schweden über Puttgarden direkt in Heiligenhafen ein, die Geesthachter reisten von Süden an. Johanna fuhr mit. Johanna: meine Mutter. Sie, die sich auf die Ehe mit einem verwöhnten, viel jüngeren Mann eingelassen hatte, der aus dem Krieg zurückgekommen war und den Wiedereinstieg in einen normalen Alltag nicht gefunden hatte, der sie und uns drei Kinder nicht versorgte; sie, die etwas Geld erarbeitete, das der Mann, mein Vater, ihr dann abnahm, um es mit Freunden zu vertrinken – Johanna hatte ihre eigene Geschichte mit der Kirche, die hier eingeblendet werden soll.

„Von Kirche halte ich nichts", höre ich sie ablehnend sagen und „Gott, wer ist Gott? Mir reicht die Natur, die Natur ist mir Gott und Kirche." Ich war vielleicht sieben oder acht Jahre alt, als ich sie eines Tages sagen hörte: „Wir fahren mit der Kirche nach Otterndorf." Meine Verwunderung war groß, aber noch größer war die Freude über die Reise. Die Gemeinde St. Marien bot eine Woche Ferien auf dem Bauernhof an, Johanna wollte ihre Kinder bei der Reise an die Ostsee mitfahren lassen und da sie kein Geld hatte, bot sie ihre Dienste an. Sie durfte kochen für die vierzig Jugendlichen. Das war ein großes Glück für Johanna und plötzlich war die Kirche gar nicht mehr so schrecklich und abzulehnen, sondern verhalf ihr zu einer Woche Ferien für ihre Kinder. So kam ihr auch später noch manches Mal die Kirche helfend entgegen und fragte niemals, wie sie es mit dem Glauben hielte. Sie war ein zweites und drittes Mal als guter Küchengeist bei Freizeiten der Gemeinde mitgefahren und als sie viel später zu mir nach Geest-

hacht zog, wohnte sie mit einer billigen Miete in einer Gemeinde-
wohnung – das kam durch meine Affinität zur Gemeinde zustande
–, bekam als Urlaubsvertretung die Aufgabe der Küsterin übertra-
gen und läutete am Sonntag die Glocken.

Johanna fuhr also als Köchin mit uns nach Heiligenhafen und
auch der kleine Johann, mein inzwischen zweieinhalbjähriger
Sohn, ging mit auf diese Reise. Untergebracht war die Gruppe in
großen Zelten, aber ich hatte mit Johanna und meinem Sohn ein
kleines Zelt für mich. Und Rolfs Tochter Katrin, dreizehn Jahre alt,
war auch dabei, sie passte meist auf meinen Sohn auf.

„Wir bauen eine Mauer!" Was bedeutet das? Ich hatte noch
nie eine Mauer gebaut. Wir wurden eingewiesen: „Zuerst müsst
ihr ausschachten, danach wird verschalt und dann der Beton in die
Verschalung gegossen." Aha.

Alle Jugendlichen – schwedische und deutsche – erhielten Spa-
ten und Schaufeln, der Verlauf der Mauer wurde abgesteckt und
los ging es: Sand schaufeln bis zum Grundwasser! Es war ein heißer Sommer und wir arbeiteten in Badehose und Bikini. Ich saß bis
zu den Hüften im Schlamm, als ein attraktiver Mann vorbeikam
und fragte: „Kannst du dir vorstellen, in einer Zeit zu leben, in der
man dir begegnet mit ‚Ich küsse Ihre Hand, Madame, und träum
es wär` Ihr Mund'?" Es war pure Ironie und dennoch war es für
mich so tröstlich: Nein, in einer Zeit, in der ich auf so eine Rolle
eingeschränkt gewesen wäre, hätte ich nicht leben wollen. Da zog
ich es vor, mit dem Hintern im Dreck zu sitzen und Sand zu schaufeln.

Die Abende gingen mit Baden und Party dahin, bald bildeten
sich Pärchen und die wurden zum Brotholen geschickt oder mit
anderen Aufgaben betraut, die sie gemeinsam zu erledigen hatten, dann konnten sie zusammen sein. Das war eine gute Lektion
für mich: Pärchen betraut man mit Sonderaufgaben!

Am Ende der Aktion stand die Mauer. Als wir für unsere vierzig
jungen Leute, die eine Woche lang geschuftet hatten, zum Abschluss einen Kasten Bier besorgten, gab es ein großes Trara vom

Leiter der Einrichtung: „Bier für Jugendliche? Hier herrscht Alkoholverbot!" „Ein Kasten Bier für so viele! Da bekommt nicht einmal jeder eine Flasche", setzte ich das Bier durch. Die Ängste der Alten – sind sie überflüssig? Finden junge Menschen allein den „richtigen" Weg in ein verantwortungsvolles Erwachsensein? Wie viel Erziehung ist notwendig, wann schadet sie? Es sind die unlösbaren Fragen, die mich seit fünfzig Jahren mit diesem Lebensabschnitt verbandeln. Die Mauer gibt es nicht mehr. Schnelllebig ist unsere Zeit. Da, wo einst ein Kinderheim der Hamburger Sozialbehörde war, ist jetzt ein Heim für alte Menschen, eine private Einrichtung. Den Namen „Wartenburg" gibt es noch, die Anlage aber hat sich sehr verändert.

Im darauffolgenden April kam eine Delegation aus Schweden nach Geesthacht, um den diesjährigen Austausch zu planen. Im Sommer sollte es mit anderer Betreuung eine Fahrt der Geesthachter nach Schweden geben, denn ich stand kurz vor der Niederkunft des zweiten Kindes, ich wollte und konnte eine Fahrt im Sommer nicht begleiten. Ragnar V. kam mit zwölf Jungen und vier Mädchen in den Osterferien, sie wurden im Gemeindehaus untergebracht, Luftmatratzen und Schlafsäcke wurden beschafft. Der 11. April war der vorausberechnete Termin für die Geburt meines Kindes. Als die sechzehn am 10. April ankamen, wurden sie von mir noch mit dickem Bauch und mit leiser Stimme im Hinterkopf: „Wann setzen die Wehen ein?" gebührend begrüßt. Ragnar Värmon nächtigte als Schranke zwischen den männlichen und den weiblichen Kids, das blieb aber wirkungslos, denn er schlief schon um zehn Uhr abends ein und die Youngsters ließen sich nicht abhalten, über ihn hinwegzusteigen und ihre Nächte miteinander zu verbringen. Er wunderte sich nur, dass morgens alle so müde waren, da er sie doch abends früh in ihren Schlafsäcken gesehen hatte.

Den Rest dieser Reise begleiteten der Pastor und Frau Koch, während ich mich auf den Weg nach Lübeck machte, wo ich die Geburt meiner Tochter erwartete. Ich wusste inzwischen, dass es ein Mädchen wird und dass es Ilse heißen soll – ein Wunschkind, auf das ich mich freute und das am 15. April 1967 im Marienkrankenhaus in Lübeck zur Welt kam. Trotz meiner Bedenken verlief auch diese Fahrt der Jugendlichen erfolgreich und festigte die entstandenen Freundschaften.

Das dritte Jahr: Schwedischer Sommer

Pastor Ragnar Värmon wurde nach Stockholm versetzt. Das war eine riesige Veränderung und die bange Frage tauchte auf, wie alles weitergehen sollte. Er leitete aber auch dort eine Gemeinde und auch dort gab es Jugendliche, die er für den Austausch mit uns zu begeistern verstand. Im ersten Jahr kamen sie für ein paar Tage nach Geesthacht, im zweiten reisten wir nach Stockholm. Eine Aufgabe war für uns auch bald gefunden: Ein ehemaliger Kapitän hatte, da kinderlos, sein sehr hübsches und großes Haus auf der Stockholmer Schäreninsel Adelsö der Gemeinde für Jugendarbeit vermacht. Um den Garten hatte sich der alt gewordene Mann nicht mehr kümmern können, das verwilderte Grundstück mit einigen baufälligen Schuppen sollte wieder hergerichtet werden.

Ankunft im Gemeindehaus der Maria-Gemeinde im Vorort von Stockholm. Dort blieben wir die erste Nacht, bevor uns ein Bus zum Kapitänshaus brachte. Das Abendessen fand im Gemeindesaal statt. Alle hatten gegessen, waren satt und zufrieden, die Jungen saßen in den gemütlichen Sitzecken, die Mädchen räumten die Tische ab – selbstverständliche Rollenteilung! Da gab ich den Mädchen ein Zeichen: „Setzt euch auch hin." Das fiel dann doch ein paar Jungen auf. „Wer räumt auf?", war die Frage, ich zuckte mit den Schultern: Ich weiß es auch nicht. Da platzte Hans der Kragen: „So geht das nicht. Sie müssen das bestimmen." „Damit bin ich nicht einverstanden. Ich finde, das könnt ihr untereinander regeln." „Ich finde, das sollen die Mädchen machen." Einer der Jungen machte sich unbeliebt. Unsere Mädchen konterten: „Du Pascha. Wieso wir? Habt ihr nicht genauso gegessen?" Ich hatte etwas über antiautoritären Führungsstil gelernt und nun war ich gespannt, wie die Gruppe das Problem lösen würde. Da griff Hans ein, der von zu Hause eine gerechte Aufgabenteilung gewohnt war: „Immer drei decken den Tisch und räumen auch ab. Am besten ihr bildet Dreiergruppen und dann wechselt das bei jedem Essen." Alle waren einverstanden, schnell waren die drei Mahlzeiten täglich verteilt. Alle beugten sich der Autorität, ja, sie waren sogar dankbar dafür, dass jemand diese Rolle übernommen hatte. War ich als Leiterin zufrieden mit der Lösung? Es klappte alles prächtig, aber wie sieht das aus, wenn jemand die „Führung" übernimmt, der keinen Widerspruch zulässt? Wieder schloss sich eine Reihe von Fragen an, die ich nicht lösen konnte und die mich weiterforschen ließen, um herauszufinden, wie Erziehung gelingen kann. Erziehung, die das richtige Maß zwischen kollektiven und individuellen Bedürfnissen berücksichtigt, das nötige Selbstbewusstsein herstellt und die Möglichkeit befördert, sich zurückzunehmen für die Gemeinschaft. Diese Balance suche ich bis heute.

Zurück auf die Schäreninsel Adelsö. Es ist ein heißer Sommer. Die Schönheit der schwedischen Landschaft und die Faszination der langen, hellen Sommernächte schafften eine leuchtende Stimmung. Fast alle waren das zweite oder dritte Mal dabei, wir kannten uns, waren sehr vertraut, einige waren schon zwanzig Jahre alt, ein flirrender Ton bestimmte das Geplänkel, viel Haut wurde gezeigt, Pärchen bildeten sich. Ein filigranes Band entstand zwischen Hans und mir, das wurde von einigen der Mädchen nicht ohne Eifersucht registriert, die hatten selbst Hoffnungen auf eine Liebelei mit ihm. Das blieb bei all diesen Reisen das einzige Mal, dass ich mir als Leiterin einen Flirt mit einem Teilnehmer gönnte. Die alte Regel „Haustauben schießt man nicht!" war eher für Chefs gedacht, aber es war seitdem ein Tabu auch für mich, obwohl die freundschaftliche bis intime Stimmung zwischen Erziehern und Jugendlichen in dieser Zeit oft fließend war.

„Wir erledigen die Arbeiten früh morgens, ab zehn Uhr bleiben wir im Schatten oder baden." Es wurden köstliche, unvergessliche Tage, in denen wir am liebsten keinen der Ausflüge machen wollten, die uns nach Schloss Drottningholm und auf die Insel Björkö, eine Wikingersiedlung mit früher Kirche, führten.

Am Abend spielten wir Volleyball, durchlachten die Nächte, hörten Jimmy Hendrix und Joan Baez, fühlten uns ein bisschen „flower power" und ohne strenge Gesetze. Die Nacht zum 21. Juli

1969 verbrachten wir mit allen Ohren am Radio, um die erste Landung eines Menschen auf dem Mond mitzuerleben. Und da spielte plötzlich Weltgeschichte eine größere Rolle als das ganz normale Balzverhalten zwischen jungen Menschen.

Weiterbildung in Jugendarbeit

Damals war alles dilettantisch. Wir hatten keinen Optimierungs-
wahn, keine Rankings, keine Evaluationen. Der Erfolg lag darin,
dass die Jugendlichen die Angebote wahrnahmen. Wenn der Ton
nicht stimmte, blieben sie einfach weg. Da wusste man, dass das
Programm nicht ausgewogen war. Trotzdem wollte ich es gern
professioneller wissen. Von der Gemeinde wurden Kurse für Ju-
gendleiter angeboten. Rolf A. nahm mich mit zu diesen Kursen.
Einer fand im Johannisstift in Berlin statt, einer auf der Bäk bei
Ratzeburg, einer in Rissen bei Hamburg. Ein besonderer Ausflug
führte uns – alle Diakone und Diakonissen, die in der Nordelbi-
schen Kirche, zu der St. Petri gehört, mit Jugendarbeit beschäftigt
waren – nach Paris. Das Deutsch-Französische Jugendwerk war
mit dem Elysée-Vertrag gegründet worden und sollte auch von
kirchlicher Seite mit Leben erfüllt werden. Wir übernachteten in
einem kleinen Hotel, drei Diakonissinnen und ich teilten uns ein
Zimmer. Den ganzen Tag wurden wir herumgeführt, nicht nur touristisch, sondern vor allem durch die Vorstädte, in denen margi-
nalisierte Familien wohnten, zunehmend die Viertel mit hohen
Einwandererquoten, zunehmend die Viertel mit wachsender Gewalt. Hier wollten Kirchen und Verbände durch die Möglichkeit
des Austausches Perspektiven schaffen. Die Bilder fallen mir angesichts der Zustände in den Banlieues und des Übergriffs auf
Charlie Hebdo sowie weiterer Terroraktionen wieder ein. Offenbar waren die Anstrengungen des Staates nicht intensiv genug,
um solche Ausschreitungen grundsätzlich zu verhindern.

Abends fielen wir todmüde in die Kissen. Ich aber zog mich
nach kurzer Siesta für den Abend um. Als ich das Kleid wechselte,
sahen meine Mitbewohnerinnen meine Unterwäsche: schwarz!
Huh! „Was haben Sie denn noch vor?", fragte eine mutig. Alle
schauten eher weg als richtig hin, schwarze Unterwäsche schien

ihnen der Gipfel der Frivolität zu sein. Ich bekam eine Ahnung davon, worin die Schwierigkeiten dieser prüden Frauen mit jungen Menschen lagen.

Diesen Fortbildungen habe ich viel zu verdanken. Sie legten die Grundlage für mein Handeln in den fünfzig Jahren dieser Tätigkeit: Wie ticken junge Menschen zwischen dreizehn und siebzehn Jahren? – das war und ist mein Thema durch all die Jahre. Erwachende Sexualität, Umgang mit Drogen, Partnerwahl und Partnerwechsel, der erste Liebeskummer ... Wie viel Strenge ist notwendig, wie gelingt Aufklärung, wie viel Lob kann/muss gegeben werden? Da der junge Mensch zumeist mit sich selbst nicht zufrieden ist, stundenlang vor dem Spiegel verbringt, um das Outfit zu optimieren, hält er jeden Widerspruch gegen seine Komplexe für eine Lüge und der Erwachsene wird unglaubwürdig. Wie also hält man die Balance zwischen „Das stimmt doch gar nicht, du bist nicht hässlich" und „Du bist schön"? oder macht dem jungen Mann klar, dass es nicht das Ende der Welt ist, wenn er die erste Angebetete mit einem anderen trifft? Irgendwann erschienen die Bücher von Thomas Gordon über partnerschaftliche Kommunikation, aber da hatten wir längst die alten Autoritätsansprüche hinter uns gelassen und setzten auf personale Autorität. Für mich war es einfach.

Ich erinnerte mich an die eigene Unzulänglichkeit: zu breite Hüften, zu struppige Haare, zu kleine Brüste! Zu lebhaft waren mir immer – bis heute – die schrägen Versuche meiner eigenen Sturm- und Drangzeit in Erinnerung, zu präsent die Gefahren, in die ich mich beim Trampen oder bei Beziehungen mit Seeleuten gebracht hatte. So konnte ich gut vermitteln, wieso das Jugendschutzgesetz nicht zur Einschränkung der Kreativität gedacht ist, sondern zum Schutz vor dem Ausnutzen der Neugierphase durch kranke und perverse Erwachsene und eine Industrie, die sich an diesem Schritt ins Leben so erfolgreich bereichert. Und ich konnte die Ängste der Eltern um die Abgründe verstehen, konnte also immer wieder vermitteln zwischen dem unbändigen Drang zum Ausprobieren, der Grenzüberschreitung und den Begrenzungen durch die gesellschaftlichen Normen.

Es waren gute Seminare. Mein wichtigstes Buch war von Horst-Eberhard Richter: „Eltern, Kind und Neurose". Es wurde meine Grundlage für den Umgang mit Jugendlichen; ich lernte, dass Eltern und Kinder in Projektionen verwoben sind, lernte, die Ängste der Eltern, die Herstellung von Ich-Stabilität mithilfe des Nachwuchses zu verstehen, und probierte, wie ich den Jugendlichen helfen konnte, sich aus diesen Verstrickungen vorsichtig zu lösen. Das gelang partiell. Die Untersuchungen zeigen, dass Kinder später bei den eigenen Kindern die Muster der Eltern wiederholen. Aber manchmal kann man diese Maschen aufreißen und den Jugendlichen das Tor zu einer anderen, größeren Freiheit öffnen.

Ich erhielt damals eine fast formale Ausbildung in Jugendarbeit, auch wenn diese nicht mit einem Abschluss in Sozialpädagogik endete, sondern als Grundlage für meine Arbeit mit Jugendlichen bis zum heutigen Tag eingebracht wurde.

Zur Adoleszenz gibt es viele theoretische Ausführungen, Hunderte von wissenschaftlichen Arbeiten und Büchern sind darüber erschienen. Wenig wird der Tatsache Rechnung getragen, dass weder Kinder noch Jugendliche mutiert sind. Nach wie vor brauchen Kleinkinder Sand, Wasser und Holz zum Spielen und müssen ihre Erfahrungen machen. Jugendliche erleben den Übergang in die Eigenverantwortlichkeit durch den Austausch in der Peergroup, durch Tanz, Spaß, Grenzerfahrung. Die gesellschaftlichen Bedingungen sind auf dieser Matrix zu vermitteln. Die Arbeitsgruppe „Centre for the Study of Mind in Nature" in Oslo forscht an verbindlichen Normen in allen Gesellschaften – und findet sie nicht. Aber physiologisch gibt es Gleichheit: Ein dreijähriges Kind in China hat keine anderen Bedürfnisse als ein ebenso altes in Schweden oder Ghana: Licht, Wasser, Nahrung, Bewegung, Wachstum und spielerische Umweltaneignung. Und das zeigen auch die internationalen Vergleichsstudien über die Entwicklung im Mutterleib und als Kleinkind. Auf die Bedingungen der Gesellschaft reagiert das Kind „kreatürlich", also nicht über den reflektierenden Verstand, sondern mit seinem Körper und seinen Handlungen. Das gelingt umso besser, je selbstverständlicher den Erwachsenen in seiner Umgebung die Gesellschaft ist, in der sie leben. Im Individuationsprozess wird die libidinöse Bindung an die Eltern zunehmend aufgegeben. Sich wandelnde Objektbeziehungen treten an die Stelle. Aus der physiologischen Entwicklung und der gesellschaftlichen Norm entsteht das Selbst.

Die kirchliche Jugendarbeit, der Austausch mit Schweden und deren Eltern sprachen sich herum. Inzwischen war ich in der Geesthachter Öffentlichkeit angekommen. "Können Sie nicht bei den Hausfrauen eine Rolle übernehmen?" – die Vorsitzende des Hausfrauenbundes bot mir zunächst kommissarisch die Leitung im „Club junger Hausfrauen" an. Es gab eine Eröffnungsveranstaltung und ich übernahm, nunmehr gewählt, den Vorsitz in dieser Organisation. Eine Episode, die ich mir heute selbst kaum glaube. Aber es war ein notwendiger Zwischenschritt, der vielen Frauen zu ihrem eigenen Aufbruch verhalf und mir weitere Kenntnisse zur Erziehung generell vermittelte.

Und dann kamen die Fragen zur Betreuung der Kinder. Es gab keinen Kindergarten in unserer Neubausiedlung. Also frisch ans Werk, ein paar Frauen aus der Nachbarschaft zusammengetrommelt und schon war die erste Nachmittagskinderbetreuung unter den Fittichen der Gemeinde organisiert. In den ersten Wochen mussten wir Mütter einmal wöchentlich auf alle Kleinen aufpassen, als immer mehr Kinder dazukamen, passte dies Modell nicht mehr. Dieser Mütterkreis fand eine Kindergärtnerin – ein Wort, das heute wie so viele andere in Verruf geraten ist –, also eine Erzieherin. Die unterschiedlichen Bezeichnungen verweisen darauf, dass es sich bei „Erziehung" um etwas Wissenschaftliches handelt und eine Kinder-„Gärtnerin" bzw. ein „Gärtner" „nur" aufpasst, während ein Garten von selbst wächst und gedeiht? Begriffe werden ausgetauscht und stiften Verwirrung, anstatt zu mehr Klarheit beizutragen. Der Kinderkreis fand zunächst an einem Nachmittag in der Woche statt, bald richtete die Gemeinde im großen Gemeindesaal eine Betreuung der Kinder ab drei Jahren an jedem Vormittag und einmal wöchentlich nachmittags ein, der kirchlicher Kindergarten folgte und nahm 1969 mit drei Gruppen den Betrieb auf.

Statt „Kindergarten" heißt es heute „Kindertagesstätte" und tut so, als sei eine Tagesstätte etwas Höherwertigeres als ein Garten! Aber parallel gibt es ja auch die „Altentagesstätte" und keinen „Altengarten". Beides beruft sich auf die Wissenschaft der sozialen Arbeit und so wird der Umgang mit Menschen von einer Erfahrungswissenschaft zu einer quantifizierbaren nomologischen Wissenschaft mit Evaluationen und Rankings, das Qualitätsmanagement ersetzt das Herz. Ich weiß nicht, wem damit geholfen ist, den Kindern jedenfalls nicht. In unserem Kreis fanden gleichzeitig die Diskussionen zur frühkindlichen Förderung statt und ein erbitterter Streit um „Führen oder wachsen lassen"[1] entbrannte. Es ging um nicht weniger als um eine anti-autoritäre Haltung, die den Kindern keine Grenzen setzt, und im Gegenzug dazu um die vorschulische Bildung, bei der die Kinder schon mit ein bis zwei Jahren lesen lernen sollten, bei der man gezielt Inhalte vermittelte, schon vor der Geburt mit dem Fötus Musik hörte und in Ausstellungen ging, also auch bereits die Kleinsten mit intentionaler Erziehung beglückte. Die Erziehung meiner Kinder wurde ein Mischmasch aus all dem, die aristotelische Lehre von der Mitte bei allen Tugenden war mir nicht bekannt, aber Extreme waren und sind mir suspekt. Der Sohn kam in die Schule, die Tochter in den Kindergarten. Auf mich wartete eine andere Aufgabe.

Ehe ich die erste bezahlte Stelle antrat, trat ein Ereignis ein, das meine Einstellung zur ehrenamtlichen Arbeit veränderte. Ich leitete zwei Jugendkreise, organisierte den Austausch mit den

---

[1] Theodor Litt: Führen oder wachsen lassen, Leipzig/Berlin 1927

Schweden, war hier aktiv und dort und war plötzlich raus: Die Gemeinde plante einen Jugendraum ohne mich einzubinden. Im Dachgeschoss des Gemeindehauses gab es einen verwahrlosten Raum, in dem sich die älteren Jugendlichen trafen: dort saßen sie, redeten, lümmelten sich auf alten Sofas, rauchten normale Zigaretten oder auch einmal Haschisch, Alkohol gab es nicht. Der alte Raum musste wegen der Statik gesperrt werden, also wurde an Umbau gedacht. Ich wollte es nicht glauben: Ich wurde in keine Diskussion einbezogen! Ich wurde nicht gefragt, wurde zu keiner Sitzung eingeladen, die Planungen liefen ohne mich. Das muss man sich mal vorstellen: Die Einzige, die hier die Jugendarbeit machte, war ausgeschlossen! Ich war so wütend. Das half mir aber gar nichts. Inzwischen war ein neuer Pastor da und offenbar hatte ich es nicht mitbekommen, dass er sich mit den älteren Jungen und Mädchen gut verstand und andere Wege einschlug. Die Ideen der offenen Jugendarbeit kamen langsam auch in Geesthacht an. Wie Rumpelstilzchen stampfte ich mit den Füßen und beschwerte mich. Das nützte auch nichts: „Du hast keine Ausbildung für Jugendarbeit. Du hast das alles ja ganz nett gemacht, aber jetzt wird mit diesem Pastor und einem neuen Diakon alles professioneller." Ich schüttelte den Kopf und wandte mich ab. Da kam ein anderes Angebot gerade recht.

Arbeit in der Obdachlosensiedlung

In einer Siedlung, in der die Stadt ihre Obdachlosen untergebracht hatte, sollte ich ein Angebot für Kinder und Jugendliche aufbauen. Dem ging eine politische Diskussion zwischen verschiedenen Gemeinde- und Stadtvertretern voraus.

Die „Siedlung": Das waren Gescheiterte und Gestrandete. Pasolinis Film „Accatone" über den jungen Mann, der Kinder zeugt, sein Leben aber nicht „ordentlich" ausrichten kann, und Leonie Ossowskis verfilmter Roman „Die große Flatter" zeigen eindrücklich, mit welchen Unsicherheiten Kinder in diesem Milieu aufwachsen. Mal ist Geld da und Lachen und Überfluss, aber plötzlich schlägt alles um in Aggression und Brutalität. Frühe Erfahrungen mit der Polizei, mit Jugendgewahrsam, mit Gefängnis verhindern nicht, dass weitere Kinder gezeugt werden. Die Unfähigkeit, diesen ein sicheres Aufwachsen zu ermöglichen, setzt den Kreislauf fort. Solche Kinder versagen in der Schule, sie sind nicht vorgesehen in dieser „Institution der Mittelklasse".

Der Bürgermeister war der Meinung, dieses „Pack" könne man in einem Zirkuswagen auf der grünen Wiese unterbringen und sich selbst überlassen. Aber der Sozialausschuss des Kreistages befand, es gäbe Handlungsbedarf, und das soziale Gewissen einiger Kirchenleute mahnte, man solle etwas für die Integration der Kinder unternehmen, um ihnen eine gelingende Schulkarriere zu ermöglichen. Ich bekam eine halbe Sozialarbeiterstelle, das war immerhin eine Anerkennung meiner Arbeit. Einen Waschzettel, auf dem stand, wie diese Arbeit zu organisieren sei, bekam ich nicht. Ein neues Kapitel Erfahrung wurde aufgeschlagen.

Der Heidberg in Geesthacht ist heute für die Geesthachter ein schönes Wohngelände, ist auch ein Ort für Motorrad-Fans, die sich hier am Heidbergring zum jährlichen Tuning-Fest treffen; es ist damals wie heute ein sandiges Dünengelände aus der Endmoräne des Elbtals. Dort hatte die Stadt für die gescheiterten Familien einige grob verputzte Betonbauten in Zwei-Zimmer-Einheiten zur Verfügung gestellt, es gab eine Toilette und eine Dusche in einem weiteren Gebäude für das ganze Lager – zu viele Menschen für zu wenig sanitäre Anlagen und keine verantwortliche Wartung. Die Einrichtungen waren verdreckt und quasi unbenutzbar. Man war der Meinung, wenn man die Unterkünfte auch noch mit sanitären Einrichtungen ausstattete, hätten die Menschen keinen Anreiz, diese Behausungen zu verlassen. Gleichwohl verlangte die Stadt Miete für diese „Wohnungen" und immerhin gab es in jeder aus zwei Zimmern bestehenden Einheit ein Waschbecken und fließendes Wasser.

Am Spakenberg – oberhalb der St. Petri Kirche – gab es eine weitere derartige Obdachlosensiedlung, beide wurden – auch durch die soziale Arbeit - nach einigen Jahren aufgelöst. Die Stadt konnte die Grundstücke parzellieren und für den Bau hübscher Einfamilienhäuser verkaufen. So erinnert heute, im Jahr 2017, nichts mehr an das Elend der Notunterkünfte.

Ich bekam den Schlüssel für eine der Zwei-Zimmer-Einheiten. Am 15. Juni 1970 ging ich mit meinen beiden Kindern zum Heidberg. Ungläubig blicke ich gegenwärtig auf die Tagebuchnotizen aus jener Zeit. Mit welcher Naivität, mit welchem unverbrauchten Schwung, mit welch frischer Hoffnung packte ich diese Herausforderung an!

Zitat aus meinen damaligen Aufzeichnungen: „*Als ich mich an der Tür zu schaffen mache, haben sich schon etliche Kinder um uns drei versammelt, einige möchten sofort mit meiner dreijährigen Tochter spazieren gehen.*" Die Räume waren verwahrlost und schmutzig, aber ich hatte einige Besen, Eimer und Lappen mitgebracht. Die Kinder waren zwischen sechs und fünfzehn Jahre alt, die älteren standen eher abwartend am Fenster, die jüngeren rissen sich gegenseitig die Putzmittel aus der Hand. In meiner Hilflosigkeit – wie sollte ich all die hilfsbereiten Hände beschäftigen? – schlug ich vor, die alten Tapeten abzureißen. „Das ist eine tolle Idee", fanden die Kinder und auch die Älteren machten begeistert mit. Dazu muss angemerkt werden, dass in einem solchen Milieu die Zeit für erzieherische Maßnahmen, mehr noch als in jedem anderen, spätestens mit dreizehn Jahren abgeschlossen ist. Einige sind ohnehin viel früher auf sich selbst gestellt, sie fangen mit sechs an zu rauchen, zu stehlen, auf der Straße zu leben. Das heißt nicht, dass nicht auch den Älteren geholfen werden kann. Das habe ich bei einer anderen städtischen Maßnahme erlebt, von der ich später berichten werde.

Zurück in die zwei Räume am Heidberg. Wir transportierten alte Möbel, reparierten Stühle, reinigten Türen und Fenster und einen Schreibtisch. „Und du kommst morgen wieder?" „Kommst du auch am Sonntag?" „Können wir die Zimmer schön machen?" „Machen wir auch mal Ausflüge?" Vieles wollten die Kinder wissen. Sie waren wie ausgetrocknete Schwämme und ein Junge staunte wieder und wieder: „Alle dürfen kommen? Jeder, der will? Ohne Anmeldung und ohne Geld?" Wohl zwanzig Mal wiederholte er die Sätze, seine Augen wechselten voller Zweifel zwischen der Tür und mir hin und her. Was hatte dieses Kind schon an Versprechen erlebt, die nicht gehalten wurden? Mir kam eine Ahnung von der Dramatik, die entsteht, wenn Versprechungen nicht gehalten werden. Ich musste mit dem, was ich zusagte, sehr vorsichtig sein. Ein Bewohner der Siedlung – einer, der auch mal ein wenig Verantwortung übernahm, wenn er nüchtern war – suchte nach Schlüsseln für die hinteren Türen, er übernahm das Verbrennen der Tapetenreste, er versprach, auf die Räume zu achten, bis wir sie ausreichend sichern könnten. Im Tagebuch steht: „*Die Kinder sind sehr gespannt auf morgen – wir wollen die Wände kreuz und quer bemalen. Alle wollen wiederkommen und fragen, ob sie Freundinnen und Geschwister mitbringen dürfen. Nachdem ich versprochen habe, morgen um zwei zu kommen, verabschieden wir drei uns unter Winken um fünf Uhr.*"

Verdreckt und stinkend stellten wir uns zu Hause unter die warme Dusche – welcher Luxus! Und welcher Aufgabe hatte ich mich da gestellt? Konnte ich meine Kinder immer mitnehmen? Was bedeutete es für sie, in diesem völlig anderen Umfeld zu sein? Lernten sie, die anderen Kinder in ihrer Entwicklung zu respektieren? Lernten die anderen von ihnen? Diskussionen mit meinem Mann, mit anderen sozial engagierten Freunden füllten fortan unsere Abende.

Es waren dringende Ausbesserungsarbeiten notwendig, die die Stadt übernehmen musste – dazu gehörten auch die Reparatur und die Wartung der unzulänglichen sanitären Anlagen –, wurden die nun ausgeführt? Es konnte doch nicht sein, dass die Kinder ihre Notdurft irgendwo im Gelände erledigten! Als erstes ließ ich mir am nächsten Tag auch für den Sanitärbereich einen eigenen Schlüssel anfertigen und rief in der Stadt an, um die notwendigen Arbeiten anzumahnen.

Am nächsten Tag notierte ich: *„Ich komme kurz nach zwei – sehnsüchtig erwartet von einem Dutzend Kinder, laufend kommen weitere dazu. Das mitgebrachte Material: Pinsel, Rollen, Farben … wird mir aus der Hand gerissen. Um eine Ordnung zu bekommen, befinde ich: ,Erst die Kleineren, dann die Größeren!' Aber sie sind ungeduldig, nehmen sich die Werkzeuge weg, bemalen Wände, Türen, Lichtschalter, auch die Fensterscheiben. Ich weiß noch nicht, wie wir die nicht gestrichen gewünschten Flächen wieder sauberbekommen. Beim Aufräumen helfen alle wieder mit."* Ich erinnere mich, wie ich diesen zweiten Tag beendete, voll Freude über die glücklichen Augen der Kinder, die Zuwendung erfahren hatten und sich betätigen durften. Aber ich weiß auch, wie ich damals wie heute voller Wut darüber war und bin, dass die ganze Kinder- und Jugendarbeit so ,beliebig' ist. Dass es den Familien überlassen bleibt, ob und wie sie ihre Kinder am Nachmittag beschäftigen. Seitdem ist viel passiert und den meisten Grundschulen ist ein Hort angeschlossen – die „ergänzende Förderung und Erziehung" –, in dem die Kinder bis zwölf Jahre am Nachmittag nicht nur betreut, sondern mit vielfältigen Angeboten und einer professionellen Erziehung versorgt werden, wo sie mit Freunden spielen und lernen können. Die Plätze reichen jedoch nicht aus und die psychologische Hilfe versagt nur zu häufig.

Meine Wut damals war grundlegend für die intensive Forde-
rung nach Ganztagsschulen und mein politisches Engagement im
Jugendwohlfahrtsausschuss des Kreises. Die Wut ist heute unter
einer Schicht Fatalismus erstickt, aber das Bemühen, jedem Kind
die mögliche Förderung für seine spätere Selbstständigkeit ange-
deihen zu lassen, ist geblieben.

Die Eltern der Kinder hatten eine einhellige Meinung über
mich: „Die Frau ist verrückt." Sie schätzten die Beschäftigung der
Kinder, hatten aber auch Bedenken: „Wie wollen Sie mit diesen
ungezogenen Blagen fertig werden?" Ich teilte ihre Sorgen, war
jedoch nach wie vor voller Optimismus. Ein bisschen so wie Angela
Merkel 2015, als sie trotz weiterer Flüchtlingszuwanderung an ihrer Aussage „Wir schaffen das!" festhielt. Ich musste das schaffen.
Immerhin gab es ja eine Gruppe von Interessierten, unter anderem den Kreisjugendamtsleiter, der mir für Gespräche zur Verfügung stand und manches Problem mit mir gemeinsam löste. In
dieser Zeit brachten wir den ersten Antrag für eine psychologische
Beratungsstelle in den Kreistag ein, sie sollte in Geesthacht sein,
das im Speckgürtel von Hamburg liegt und mit vielen scheiternden
Familien und Jugendlichen belastet ist.

Notiz am Montag, dem 22. Juni 1970: *„Heute sind die Hand-
werker gekommen und wir müssen uns deshalb wieder draußen
beschäftigen. Wir suchen uns eine kleine Lichtung im Wald, wie-
senähnlich und vor allem schattig, denn es ist wieder sehr heiß.
Etwa zwanzig Kinder folgen mir, viele kommen später dazu – auch
einige neue Gesichter sind dabei. Das soziale Verhalten der Kinder
untereinander ist weiter sehr gemischt. Einige Kinder werden
überhaupt nicht geduldet, einige andere haben oft Streit. Die Geschwister halten gut zusammen. Ich misch mich in diese Unstimmigkeiten so gut wie gar nicht ein, beschränke mich darauf, den
jeweils Schwächeren zu trösten. Bezüglich der Außenseiter versuche ich, erst einmal herauszubekommen, warum die anderen sie
nicht mögen."*

Wir spielten Versteck, lasen vor, spielten „Wolf und Schafe" – alles mit mäßigem Erfolg. Bei „Blinde Kuh" machten alle mit und auch beim Spiel „Ringlein, Ringlein, du musst wandern …", alle saßen im Kreis und hatten eine erstaunlich lange Zeit Spaß daran. Das Schiller-Wort „Der Mensch ist nur da ganz Mensch, wo er spielt", kannte ich damals noch nicht, aber meine Erfahrungen in der Jugendarbeit sagten mir, dass gemeinschaftliche Spiele, die niemanden überfordern und bei denen es keine Sieger gibt, das beste Mittel sind, soziales Verhalten einzuüben. Die Regeln sind einfach, jeder kommt dran, Bewegung und Stillsitzen wechseln sich ab, der Leiter steht nicht im Mittelpunkt, so kann eine lange Zeit mit wenig Konflikten vergehen. Aber nach einer guten, ruhigen Spielzeit wurde der Bewegungsdrang der Schar größer und ich musste mir etwas einfallen lassen. „Wir bauen eine Hütte", schlug ich vor. Das löste Begeisterung aus. Baumstämme, Äste, Zweige wurden herbeigeschleppt, die Stämme wurden schräg aufgerichtet, eine Aufgabe für die größeren Jungen, Äste und Zweige brachten alle herbei und an den Stämmen befestigt und sofort erkannten die Kinder, dass nun Blätter für das Dach und Gras für den Boden benötigt wurden. In erstaunlich kurzer Zeit war ein kleiner Zufluchtsort fertig, in dem sechs Kinder gemütlich Platz fanden, alle anderen saßen davor und wir erzählten, machten Pläne, dachten an morgen und an weitere Hüttenbauten. Stolz und Freude leuchtete in den Augen, Zufriedenheit und eine tiefe Hoffnung. Im eigentlichen „Unterschlupf", so nannten wir unsere Räumlichkeiten, waren inzwischen die Fensterscheiben und Türen repariert worden, es waren Schlüssel vorhanden, der Maler sollte am nächsten Tag kommen – es ging voran.

Das Wetter blieb schön und so stand „Baden gehen" auf dem Plan. Wieder sah ich mich mit einem Ärgernis konfrontiert: Wir wollten ins städtische Freibad und ich erkundete, wie der Eintritt für die Kinder zu finanzieren sei. Aber zwischen Schulamt, Stadtwerken und Sozialamt ließ sich die Frage der Zuständigkeit nicht klären und so fuhren wir die Kinder in mehreren Schichten zu einem nicht weit entfernten See. Ich traute mich, die Kinder dort baden zu lassen, hatte jedoch das Gewässer vorher nicht untersucht, war nicht getaucht, hielt mich nicht an die Regel: Maximal zehn Kinder dürfen im Wasser sein! Immer muss ein Rettungsschwimmer anwesend sein! Gut, ich konnte damals zwanzig Meter weit tauchen und ich hatte außerdem einen Erste-Hilfe-Schein. Aber ich ging einfach davon aus, dass nichts passiert. Und es passierte ja auch nichts: Eineinhalb Stunden hatte ich nur glückliche Kinder um mich – lachen und spritzen und sich gegenseitig stupsen, sich auf die Handtücher legen und wieder hinein ins Wasser.

Bei der Abfahrt gab es fast ein Unglück: Ein Kind spielte an der Handbremse und der Wagen kam ins Rollen. Ein Riesenschreck für die Kinder! Zum Glück gab es einen Schutzengel oder die Vorsehung oder meine vorausschauende Vorsicht, denn der Wagen war sicher geparkt und kam von selbst an einer winzigen Anhöhe zum Stehen. Trotzdem war das Ganze ein Wagnis, denn wir hatten viel zu viele Kinder in jedes Auto gepackt und das konnte ich nicht noch einmal verantworten. Damals war die Zeit, in der junge Leute die Kapazität einer Ente, eines Fiat oder eines Käfers mit zwölf oder noch mehr Insassen ausloteten, aber das darf man nicht mit Kindern machen, für die man Verantwortung trägt. Ich musste nach einer anderen Lösung suchen. Ich ließ mich nicht abwimmeln, bis die Stadt die Kosten für den Eintritt der Kinder bereitstellte.

In der Nähe hatten die Kinder einen etwas verrotteten Spielplatz entdeckt und so wanderte ich mit einem Schwanz von circa dreißig oder mehr Kindern dorthin. Nur ein paar halbverrostete Spielgeräte waren vorhanden, es gab Gedrängel, Zank und Geschrei. Mit einem Auswahlspiel versuchte ich eine Reihenfolge zu etablieren, ohne Erfolg und so musste ich die Aktion abbrechen. Auf einer Lichtung spielten wir mit dem mitgebrachten Ball, das heißt, wir wollten damit spielen. Aber ein Ball war für einige Kin-

der ein so begehrter Gegenstand, dass sie ihn nicht mehr heraus-
gaben, wenn sie ihn einmal hatten. Provisorisch organisierte ich
Tore und bildete zwei Mannschaften, aber es waren einfach zu
viele Kinder. Die, die spielen durften, wurden von denen am Rand
gestört, Abwarten gehörte nicht zu ihren Tugenden. Da müsste
ein Spielführer her – hier brauchte ich jetzt und in diesem Moment
einen männlichen Schiedsrichter, das konnte in den Augen dieser
Kinder keine Frau sein; jedenfalls wurde ich mit dieser Rolle nicht
identifiziert und sie überschrien sich und mich – das führte zum
Abbruch auch dieser Aktivität.

An einem regnerischen Tag brachte ich ein paar Spielsachen
mit, die ich von den befreundeten Familien und vom Spielkreis der
Petri Kirche erbeten hatte. Ein paar Matchbox-Autos, einige
leichte Puzzle, Steckmaterial. Es war nie genug, zu viele Kinder-
hände griffen gierig danach. Und das Unvermeidliche passierte:
Die Autos wurden zerstört, Puzzleteile landeten auf dem Boden,
wurden geknickt, verschwanden. Was tun? Zuhause hatte ich einen technisch begabten Ehemann, meine Kinder legten ihm die
kaputten Teile auf den Schreibtisch und ein paar Tage später war
alles repariert. Viele Holzspielzeuge reparierte ich selbst, strich sie
neu und abends wurde alles in übersichtlichen Aufbewahrungsbo-
xen verstaut, wurden die Autos in eine „Garage" gefahren, die aus
einer hübsch gestrichenen Kiste für Cola-Flaschen besteht. Aber
nur einige Tage später gab es erneut eine Kiste voller zerstörter
oder unvollständiger Spiele in der Einrichtung, die Kinder schauten so hilflos wie ich. Ich sprach mit einem Psychologen: „Was
kann ich tun? Sooft ich neue Dinge mitbringe, sooft und schnell
sind sie wieder kaputt." Seine Erklärung lautete: „Kinder haben
zuerst eine analytische Phase. Sie nehmen alles auseinander, wollen die Einzelteile kennenlernen, wollen wissen, wie es ‚innen'
aussieht. Erst später kommt die synthetisierende Phase, in der
Kinder Materialien zusammensetzen, ausprobieren, was zueinan-
der passt. Im Prinzip sind diese Steckmaterialien, die Perlen, die

auf speziellen Karten zu Mustern aufgespießt oder auf Schnüre gezogen werden, sind Puzzle und ähnliches die richtigen Materialien, denn sie können abends wieder in ihre Einzelteile zerlegt werden. Ab und an möchte ein Kind sein ‚Werk' vielleicht nicht gleich wieder zerstören, dann kann man es einige Tage bewahren und das Kind kann entscheiden, wann es davon ‚Abschied' nehmen kann. So lernen die Kleinen zusammenbauen und loslassen." Das leuchtete mir ein. Ich machte einen Aushang am Brett im kleinen Supermarkt: „Gebrauchtes Spielzeug gesucht, auch leicht beschädigtes." Und siehe da, ich bekam allerlei Krempel zusammen. Spiele waren dabei, Autos mit drei Rädern, Holzspielzeug mit abgeplatzter Farbe, leicht lädierte Kuscheltiere.

Bis zum Ende der Woche hatte ich eine große Kiste beisammen und brachte sie am Wochenanfang mit zum Heidberg. Das war ein Spaß! Die Kinder durften darin herumwühlen und sich etwas aussuchen, aber: „Halt! Nicht alle auf einmal!" Ich dachte mir ein Gewinnspiel aus und wer die richtige Antwort wusste, durfte in die Kiste greifen und sich etwas herausnehmen. Es blieb nicht aus, dass mehrere Kinder dasselbe haben wollten, auch hätten sie die Dinge gern mit nach Hause genommen, aber da hatte ich vorgesorgt: „Am Ende muss alles wieder eingepackt werden und morgen beginnt das Spiel von vorn", so lautete die Regel. Natürlich war es jetzt kein Problem mehr, wenn etwas entzweiging. Das Auto mit drei Rädern hatte am Ende gar kein Rad mehr, aber das machte nichts, nun „gleitet" es eben über die gedachte Fahrbahn auf dem Boden. Und der Teddy, der mit nur einem Auge ankam, fand eine neue kleine Besitzerin, die ihm liebevoll ein zweites annähte, nachdem ich ihr einen passenden Knopf mitgebracht hatte. Ja, nun zerstörten und heilten die Kids hemmungslos – je nachdem, wer mit welchem Gegenstand zu tun hatte. Nach einigen Tagen waren alle Sachen irgendwie verteilt und das Spiel hatte seinen Reiz verloren. Dann waren die Steckmaterialien der Renner. Bei der nächsten Sitzung musste ich unbedingt einen Etat für derlei Material aus Plastik einfordern.

Als nächste Maßnahme versuchte ich es mit einer Trennung nach Altersgruppen: von zwei bis halb vier die Kinder von acht bis vierzehn Jahren, danach bis fünf Uhr Mädchen und Jungen von vier bis sieben Jahren. Aber trotz des Hinweises kamen alle Kinder wie bis dahin üblich angelaufen und waren von dieser Regelung nicht zu überzeugen. „Ich habe mehr Zeit für euch, wenn wir die Gruppen trennen." Meine Erklärung verhallte, sie erreichte die Kinder gefühlsmäßig nicht, sie wollten alles und jetzt gleich und jeder für sich.

In weiteren zur Verfügung gestellten Räumen verteilten wir ein paar irgendwo aufgetriebene Tische im Raum. Eine Wand strichen wir mit Tafelfarbe und sofort spielten die Kinder Schule. Jedes wollte an der Tafel malen. Ich bekam eine Ahnung von der Langeweile, die diese Kinder in der Schule aushalten müssen. Beim fragenden Gespräch können sie aus ihrer Erlebniswelt oft nichts beitragen, sie stören und dürfen deshalb nicht an die Tafel, da das eine Belohnung für Wohlverhalten ist. Welches Potenzial lag hier brach! Eine Druckerei spendete altes Papier, ich konnte viele Bögen verteilen, die einfach nur bekritzelt wurden. Sie malten am häufigsten sogenannte Bauchmenschen, also eine menschliches Gesicht auf einem runden Bauch, zwei Arme und zwei Beine, alles deutete durch seine Einfältigkeit auf das gering ausgebildete Abstraktionsvermögen der Kinder hin. Insgesamt bewegten sich sprachlicher und zeichnerischer Ausdruck auf einem sehr niedrigen Niveau. Vieles von dem, was wir als Intelligenz bezeichnen, kann durch Anregungen in der frühen Kindheit gefördert werden und diesen Kindern mangelte es offenbar an diesen Anstößen. Wieder tat sich eine Schwierigkeit auf: Einige wollten in Ruhe malen oder sogar Hausaufgaben machen, aber andere waren in ihrer Lautstärke nicht zu bremsen.

Am nächsten Tag brachte ich alte Kataloge mit und die Kinder durften Schnipsel reißen und neue Bilder daraus kleben. Die ganze Gruppe war über eine Stunde beschäftigt, puh! Gerade waren wir beim Aufhängen der Ergebnisse, da kam eine Mutter angelaufen:

„Schnell, schnell, meine Tochter hat sich verletzt!" Das ging vor! Ich musste das Mädchen ins Krankenhaus zur Notaufnahme fahren. Ich bat zwei großen Jungen, sie waren vielleicht fünfzehn oder sechzehn: „Könnt ihr bitte alle Kinder nach Hause schicken, aufräumen und dann abschließen?" Mein Herz klopfte: Wie würde ich die Räume wieder vorfinden? Aber das Mädchen blutete am Kopf und so war die Fahrt ins Krankenhaus vorrangig. Und jetzt zeigten sich Erfolge meiner Arbeit. „Als ich zurückkomme, ist alles prima aufgeräumt und tipptop sauber", lautet mein Tagebucheintrag. Die Jungen hatten abgeschlossen und warteten vor der Tür auf mich, um mir den Schlüssel zu übergeben, sicher auch, um sich ihr wohlverdientes Lob abzuholen. Das bekamen sie ausgiebig und ich bat sie, mir nunmehr häufiger für kleine Dienste zur Verfügung zu stehen. Ich holte das Kind noch vom Krankenhaus ab und kam an diesem Abend erst spät und noch erschöpfter als gewöhnlich nach Hause.

Die Kinder! Wo sind meine eigenen Kinder an diesem Nachmittag? An den meisten Tagen sind beide mitten unter den anderen, die dreijährige Ilse und der sechsjährige Johann, aber zunehmend überlasse ich sie einer Nachbarin, die selbst zwei Kinder in diesem Alter hat. Am Heidberg haben die anderen Vorrang, sonst sind sie eifersüchtig und fühlen sich verloren. Eine Erkenntnis, die mich auch später zögern lässt, wenn Eltern mit auf eine Klassenfahrt gehen wollen. So sehr man in solchen Situationen Hilfe braucht, so hat man als Elternteil doch in der Regel nicht den Blick für alle Kinder, man sieht doch mehr das eigene Kind und nicht die Gesamtaufgabe.

In den nächsten Tagen bastelten wir Bälle aus Origami-Papier, beklebten Bierdeckel, übten Bewegungslieder. Mehr und mehr wurde der Nachmittag zur Routine und mir fielen weitere Aktivitäten ein, die die Kinder nicht überforderten. Lottos und Puzzle waren beliebt für die individuelle Beschäftigung, mit einer Gruppe bis zu sechs Kindern konnte ich manchmal auch Memory spielen.

Am 1. Juli gab es eine Besprechung der Projektgruppe aus Kirchengemeinde, Stadt- und Kreisverwaltung, deshalb musste ich den Nachmittag früh beenden, das machte die Kinder traurig. Aber es musste sein. Die Maßnahme und ihr möglicher Erfolg sollten ausgiebig dargestellt und diskutiert werden. Heute würde man eine „Zielvereinbarung" treffen, würde „Indikatoren" für das Gelingen definieren, würde „Evaluationsbögen" ausarbeiten, die „Kosten-Nutzen-Analyse" bestimmen. Das brauchten wir alles nicht. Ganz offen wurde angesprochen, was gut lief und wo es Probleme gab. Ob die Maßnahme den Schulerfolg der Kinder fördern oder gar die bei einigen nicht vorhandene Beschulbarkeit herstellen würde, war so kurz nach Beginn meiner Tätigkeit noch nicht abzusehen, wohl aber die Bereitschaft der erwachsenen Bewohner der Obdachlosensiedlung, die nun reparierten und gewarteten sanitären Anlagen verantwortlich zu pflegen und auf Gesetzesverstöße der älteren Jugendlichen zu achten.

Das hatte beispielsweise immerhin einmal zur Folge, dass die Beteiligten an einer Schlägerei, bei der eine Schaufensterscheibe zu Bruch gegangen war, sehr schnell ermittelt werden konnten und mit einer kleinen Geldstrafe davon kamen. Die gesellschaftliche Einbindung der Jugendlichen war sicher richtig, wenn auch nicht für alle erfolgreich. Einige landeten doch im Jugendstrafvollzug. Dennoch: Jede Maßnahme zur Integration schwieriger Kinder ist ein wichtiger Schritt. Die Frage der Normen und Werte, die die Kinder übernehmen sollen, ist schwierig zu beantworten. Für mich war die Grenze das Gesetz. Manchem Jugendlichen hielt ich diese Predigt: „Du musst das Gesetz kennen. Es wird von dir verlangt, es zu respektieren und nicht dagegen zu verstoßen. Tust du es dennoch, so musst du die Konsequenzen in Kauf nehmen." Das klang ziemlich theoretisch, vor allem, weil diese Jugendlichen das Wort „Konsequenz" nicht kannten. Sie hatten meist keine Verlässlichkeit beim Handeln erlebt und gingen deshalb in der Regel davon aus: Man kann die Regel ruhig brechen, man darf sich nur nicht erwischen lassen. Da ließ ich nicht locker: „Richtiges Handeln, nur wenn ein Polizist neben dir steht? Nein, du musst aus deinem Gewissen heraus das Richtige tun wollen." Inständig hoffte ich, dass meine Worte dem einen oder anderen halfen, sich im Rahmen der Gesetze zu bewegen.

Schwierig war es nach wie vor mit den Kindern der ehemals nicht-sesshaften Familien, der Roma oder Sinti. Die Männer waren mal da und mal wieder weg, kamen mit schweren Mercedes-Autos, reparierten etliche weitere und waren dann wieder unterwegs. Unglücklich war diese Gruppe von Menschen keineswegs. Unglücklich war die Gesellschaft, weil diese Leute andere Werte hatten, Leben, Eigentum und Leistung so ganz anders interpretierten. Keines der Kinder ging zur Schule. Und dies war dann auch das Hauptanliegen an mich: „Mache die Kinder dieser ʼZigeunerʻ beschulbar!" Das blieb schwierig und gelang nur mit einigen.

Mit den anderen Kindern gab es keine Probleme mit der Akzeptanz der Werte. Sie waren im Grunde an den Erfolgen der Leistungsgesellschaft interessiert und nahmen dankbar Hinweise auf, wie sie die gebotenen Möglichkeiten nutzen konnten. Die Intelligenz war – so viel kann man ohne Statistik sagen – normal verteilt zwischen hochintelligent und fast debil. Bald nutzten einige die Möglichkeit, am Nachmittag ihre Schularbeiten mit mir zu machen, und sahen dadurch bessere Chancen für sich in ihrem Unterricht. Aber die lockig-schwarzhaarigen, glutäugigen Kinder waren nicht so einfach von einem besseren Leben durch Schulbildung zu überzeugen. Das war ein langer Weg. Und die älteren mit ihren Goldketten, den Autos und Freundinnen zeigten eine Lässigkeit, die für die jüngeren attraktiver als langweiliger Unterricht war.

Wir planten einen Ausflug nach Hamburg. Die Kinder mussten nur einen kleinen Beitrag zahlen, alle anderen Kosten hatte der Kreisjugendring übernommen. Der kleine Nick, fünf Jahre alt – ungefähr, denn die Geburtsdaten der Roma-Kinder waren nicht so leicht festzustellen –, sollte nicht mitfahren. Aber er war bisher an allen Nachmittagen, bei Spiel und Spaß und allem dabei gewesen und wollte gern mit. „Du musst zu meiner Mama gehen und mit ihr reden", bettelte Nick. Und so machte ich mich auf und klopfte an die Tür. Die Tür wurde geöffnet und Frau Reinar ließ mich herein, auf dem Arm ein Kleinkind, ein weiteres, vielleicht zweijähriges Mädchen hing ängstlich an ihrem Rock. Frau Reinar wohnte in einem großen Zimmer zusammen mit ihren sieben Kindern aller Altersstufen und von verschiedenen Vätern. In diesem Zimmer schliefen alle, hier wurde gekocht und eine Ecke war für einen Waschtrog und einen Eimer für die Notdurft abgetrennt; quer durchs Zimmer waren Leinen gespannt, auf denen Wäsche hing, ein leicht beißender Geruch nach Wäsche und Essen legte sich auf meine Lungen. Ohne mich lange anzuhören, keifte sie los. „Sie nehmen mir meine Kinder nicht weg", verteidigte sie sogleich ihre Ablehnung. „Wir wollen doch nur einen Ausflug machen", wendete ich ein, „und wir haben doch auch schon von hier aus kleine Ausflüge unternommen." „Das war hier. Hier in der Gegend. Aber jetzt wollen Sie mit dem Bus wegfahren. Sie bringen das Kind nicht zurück. Nein, nein, da geht keins der Kinder mit!" „Und Natalie?", fragte ich sie. Natalie war immerhin acht und sie hatte die Teilnahme schon bestätigt. „Natalie darf mit. Aber Nick ist zu klein." Nick war ihr erster Junge, das bedeutete viel in dieser Gesellschaft, denn der Sohn beschützte später die Mutter. „Natalie kann doch auf Nick aufpassen", bohrte ich nach. „Niemals!" brachte sie aufgebracht heraus. „Natalie kann gerade auf sich selbst aufpassen, aber niemals auf Nick!"

Nick und Natalie standen im Hintergrund und folgten aufmerksam und besorgt dem Dialog. Ich hatte das Gefühl, meine Reputation im Lager insgesamt hinge von einem Sieg ab und so schwieg ich und erwog eine andere Strategie. „Sie sind sehr besorgt um ihre Kinder", fing ich schließlich wieder an. Sie äußerte kleinlaut: „Ja, sie sind doch noch so klein. Nick ist mein Schatz." „Glauben Sie mir, dass ich ihn wiederbringen kann?" „Ja, ich traue es ihnen zu", flüsterte sie und an der Bewegung in meinem Rücken spürte ich die aufkeimende Hoffnung der Kinder. „Werden Sie ihn mir persönlich wiederbringen?", wollte sie jetzt wissen. Ich atmete tief durch; konnte ich die Verantwortung übernehmen? Was, wenn irgendetwas passierte? Ich werde mit zwanzig Kindern unterwegs sein, wie konnte ich da auf ein einzelnes ganz besonders aufpassen? „Ja", hörte ich mich mit fester Stimme behaupten, „ich passe auf Nick auf und bringe ihn wieder." Sie seufzte resigniert: „Dann nehmen Sie ihn mit." Nick und Natalie hüpften aufgeregt mit mir zu den anderen zurück, die gespannt warteten. „Nick darf mitkommen", schrie Natalie und Nick rief immer wieder: „Ich komm' mit, ich komm' mit!"

Am Tag des Ausflugs standen alle Kinder früh bereit, hatten Trinkflaschen und Brote dabei, für einige hatte ich vorgesorgt, denn nicht alle Familien bekamen es auf die Reihe, die Kinder mit Proviant für den Tag zu versorgen. Natalie stand bei den anderen Kindern, Nick wurde von seiner Mutter an der Hand gehalten. Alle stiegen in den Bus, die Mutter hielt krampfhaft Nicks Hand fest. „Nein, nein, er geht nicht mit!" Sie weinte. Was sollte ich jetzt tun?

Ich stand halb in der Bustür, Nick hatte einen Fuß auf der Einsteigstufe, die Mutter zerrte ihn am Arm, er fasste mich an und strebte in den Bus. Ich stieg wieder aus. „Liebe Frau Reinar", hub ich seufzend an, „ich habe …" Sie unterbrach mich: „Sie haben mir die Zustimmung abgeluchst. Ich war immer dagegen. Er soll nicht mitfahren!" Nick zerrte inzwischen in den Bus, achtunddreißig Kinderaugen verfolgten gespannt die Szene. „Ich bringe Ihnen Nick persönlich zurück." Gab sie nach? Sie schien zu überlegen, wie die Kinder ihre Zustimmung einschätzten. Was würden die Mütter sagen, die ihre Kinder zum Bus gebracht hatten und nun auf die Abfahrt wartend im Hintergrund standen? Alle standen wie auf einer Wippe, die sich schwankend in der Mitte hält, gefühlte endlose Minuten, dann – endlich – ließ sie Nicks Hand los und blickte mich aus vertränten Augen an. „Bringen Sie ihn mir wieder!" Ich ahnte eher, was sie sagte, die gehauchten Wörter gingen im Jubel aller Kinder und dem Aufatmen der Erwachsenen unter. Den ganzen Tag lastete der Druck der Verantwortung auf mir, ich richtete meine Aufmerksamkeit auf jeden Schritt jedes Kindes, denn nun ist klar, dass auch keinem anderen etwas passieren darf. Aber wenn ich sie alle gesund und unversehrt zurückbrachte – und das habe ich getan –, war damit ein großer Schritt für die Zukunft getan, war ein Stück der Elendskette zerrissen, hatten die Kinder durch eine gelungene Unternehmung ein Stück Vertrauen in die Zukunft gewonnen.

Das mag übertrieben wirken. Ist das Ziel eines Ausfluges nach Hamburg denn nicht nur das Kennenlernen der Stadt? Nein, das Ziel ist viel mehr. Es ist die Erfahrung der Kinder mit sich selbst in einer Gruppe, in unbekannten Situationen, in einer fremden Umgebung, das Kennenlernen anderer Erziehungsmuster. So wie mir einer der ersten Teilnehmer am deutsch-schwedischen Austausch viel später bestätigte: „Du hast das alles so gelassen genommen. Alle unsere Unarten wurden mit der gesamten Gruppe besprochen und Lösungen gefunden. Bei Unfällen hast du nie hektisch reagiert, sondern immer das getan, was gerade notwendig war. An ‚Bestrafungen‘, die wir nicht eingesehen hätten, kann ich mich nicht erinnern."

Der Ausflug nach Hamburg war ein Erfolg. Wir liefen durch die Häuserzeilen, die Kinder staunten über die hohen Gebäude – die riesige Stadt –, wir machten unsere Hafenrundfahrt und niemand kam zu Schaden; wir fuhren in den Tierpark Hagenbeck, lange standen alle an der Bäreninsel. Auf der Rückfahrt schliefen die meisten Kinder im Bus ein. Beim Aussteigen liefen die Familien herbei, auch Frau Reinar näherte sich zögernd. Alle Kinder fielen ihren Eltern oder Geschwistern jubelnd in die Arme, ihre Stimmen überschlugen sich beim aufgeregten Erzählen. Nick aber hielt ich fest an der Hand. Ihn übergab ich persönlich der Mutter: „Hier bringe ich Ihnen Nick unversehrt zurück. Ich hoffe, er darf den nächsten Ausflug auch wieder mitmachen." Sie dankte mir mit gesenkten die Augen, der Tag war für sie mit angstvollem Warten vergangen.

Viel hatte ich an diesem Tag gewonnen. Aber wie ist der Zustand zu beschreiben, in dem ich mich abends zu Hause befand? Vielleicht könnte man sagen: total gestresst, aber das wäre nicht genug. Sehr ironisch könnte man es so ausdrücken: fertig auf der Bereifung! Aber all das traf es ja nicht. Ich war nicht nur müde, ich war innerlich gleichzeitig auch so glücklich und etwas sang in mir vor Freude über den gelungenen Tag. Die unglaubliche Anspannung glitt mir wie ein dicker Pelzmantel von den Schultern, die Zentnerlast der Verantwortung hatte ich mit Nick der Mutter zurückgegeben und alles war schlicht gut. Dies Wörtchen „gut" ist allerdings zu klein für das große Ganze, das mit Glück, Freude und Gelingen am Ende einer Sache steht, so wie Gott am Abend jeweils befindet: Und siehe, es ist gut!

Bis zu den Ferien machte ich jeden Nachmittag weiter wie zuvor. Meine Kinder kamen mit oder blieben bei der Nachbarin, Spiel, Spaß, Hausaufgaben, Baden gehen standen auf dem Programm, bald gelangen auch kleine Ballspiele und vieles mehr. Einmal war die hintere Tür aufgebrochen und es waren ein paar Dinge gestohlen worden, auch eine kleine Kasse mit drei Mark war weg. Die Kinder waren aufgebracht, sie hatten das Geld für einen weiteren Ball gesammelt. Sie wollten die Schuldigen finden, wollten Detektiv spielen, wollten überall herumgehen und sogar in die Wohnungen eindringen. Ich machte kein Drama daraus, verhinderte solche Aktionen und erklärte ihnen, dass vielleicht eines der Kinder verärgert gewesen sei, weil die Eltern ihm verboten hätten mitzumachen; dass es vielleicht ein älteres Geschwisterkind war, zu alt für unsere Spiele, aber eifersüchtig, dass die Kleineren so tolles Spielzeug hätten. Sie hörten zu, halb und halb beruhigt. „Und dann", fügte ich meinen Erklärungen hinzu, „könnt ihr ja alle zu Hause erzählen, wie traurig ihr seid und dass ihr euch doch so gern einen weiteren Ball kaufen wolltet." Am nächsten Tag brachten die meisten ein paar Pfennige von zu Hause mit, drei Mark kamen schnell wieder zusammen. Ein Jugendlicher aber brachte sogar einen neuen Ball und schenkte ihn der Gruppe. Vielleicht hatte er den gestohlen, aber danach fragte ich jetzt nicht, alle waren froh über den Ausgang und die Tür wurde mit einem zusätzlichen Schloss versehen.

Am schönsten an diesem wundervollen Sommer waren die Ausflüge. Einer führte uns mit der Weißen Elbeflotte nach Lauenburg, da waren auch meine eigenen Kinder wieder mit dabei. Was manchmal mit Schulkindern möglich ist – „Wir treffen uns um soundso viel Uhr an der Dampferanlegestelle" –, das ist mit den Kids aus sozial schwachen Familien nicht möglich. Ich musste also früh am Heidberg sein und die Gruppe zusammenfischen, ja, teilweise aus den Häusern holen, wo die Eltern noch schliefen und gar nicht fähig waren, die Sprösslinge für den Ausflug bereit zu machen. Aber ich hatte vorgesorgt, Getränke, Becher, Brote und Marmelade wurden in großen Körben mitgeschleppt, die größeren Jungen machten sich mit viel Freude als Lastträger nützlich. Aufgaben! Aufgaben! Aufgaben brauchen diese Kinder! Aufgaben, die sie nicht überfordern, nicht unterfordern, für die sie die Verantwortung auch meistern können. Mit dreiundzwanzig Kindern zogen wir los. Zu Fuß gingen wir zur Elbe – so war schon der Spaziergang Teil des Ausfluges und alle waren später an Bord etwas ruhiger – und da lag auch schon das Schiff. Freundlich begrüßte ein Mitarbeiter uns alle per Handschlag: „Willkommen an Bord!" Welche Ehre! – „Ist das der Kapitän?" - Die Kinder fühlten sich sofort wichtig und konnten nicht mehr anonym irgendetwas anstellen. Man hatte ihnen „ein Gesicht gegeben", so könnte man die Tatsache ausdrücken, dass sie nun nicht mehr ein Nichts oder Niemand waren, sondern ein Teil der Ausflugsgäste. Hin und her auf dem Schiff – zum Glück waren wir vor den anderen Mitreisenden da und der freundliche Helfer zeigte denen, die zuhören wollten und konnten, die Brücke und die anderen Bereiche des Fahrgastschiffes, andere Kinder erkundeten das Schiff auf eigene Faust.

Nach einigen Minuten waren aber alle so weit informiert, dass sie ihren „Platz" akzeptierten und ihn nur nach Abmeldung verließen, so konnte ich den Überblick behalten. Knapp zwei Stunden dauerte die Fahrt nach Lauenburg, das hielten die Kleinen gerade so aus, ohne völlig ungeduldig zu werden und sich aus Langeweile irgendetwas Dummes oder sogar Gefährliches auszudenken. In der Elbe ist schon mancher ertrunken, weil es unbestimmbare Strudel gibt, und ohnehin können noch nicht alle Kinder schwimmen. In Lauenburg angekommen, wurden wir wieder freundlich verabschiedet, am Nachmittag würde uns ein anderes Schiff zurückbringen. Jetzt mussten wir uns zu einem Zug formieren, denn in den Gassen Lauenburgs – noch ist die Altstadt nicht völlig autofrei – können wir nur jeweils zu zweit auf den engen Gehwegen Platz finden. Zum Glück hatten wir das bereits geübt und so fügten sich auch die Ungeduldigeren darein, zunächst jedenfalls.

Erklären musste man hier nichts, es würde niemand zuhören, und so wurde nur die Parole ausgegeben: „Achtet auf Kleinigkeiten, zum Beispiel besondere Verzierungen an den Häusern, auf Denkmäler, Eingänge und so weiter! Nachher werde ich fragen, was euch aufgefallen ist." Natürlich wusste ich, dass vor allem meine kleinen Mädchen bald in ein schwatzhaftes Gespräch vertieft sein und ihre Umwelt völlig vergessend hinter der Meute herschlurfen würden, aber wache Geister pflückten mit ihren Augen manche Besonderheit und berichteten später stolz von einem Wappen über einer Tür, einem Löwenkopf als Türklopfer, über fremdländisches Flair durch eine Wäscheleine zwischen zwei Häusern. „Wie in Rumänien." „Woher weißt du, wie es in Rumänien ist?" „Da waren wir mal zu einer Hochzeit, da waren ganz viele Menschen." Mein kleines Roma-Mädchen erzählte den atemlos zuhörenden anderen von Wagen und Feuern, von Pferden und alten Mercedes-Autos mit jeweils einem Wohnwagen an der Anhängerkupplung. Sie staunte, wie fremd den anderen ein solches Fest offenbar ist. Aber in Deutschland feiert man nicht mit sieben- oder achthundert Leuten, die aus aller Welt zu einem solchen Ereignis anreisen.

Oben bei der Burg sind Bänke, dort ist ein Spielplatz. Hier machten wir Rast. Fleißige Hände boten sich an, Apfelsaft auszuschenken, die Weißbrote in dicke Scheiben zu schneiden, mit Marmelade zu bestreichen und an die Kinder zu verteilen. Was für ein Fest! „Hannelore, können wir nicht jeden Tag solche Weißbrotschnitten bekommen?" „Nein, das geht nicht, ein Fest ist ein Fest, ein Ausflug findet ja auch nicht jeden Tag statt." Und nein, ich hatte nicht gewusst, welch eine Köstlichkeit ich den Kindern da servierte: einfach frisches Weißbrot mit Marmelade – nicht mehr, nicht weniger. Jede und jeder bekam ihr/sein Teil, die fünf Brote werden alle und niemand stand weinend da und hätte gern noch etwas gehabt. So zufrieden, ja, ich möchte sagen, so glücklich können Kinder mit so wenig sein! Was versäumen wir immer wieder!

Noch manchen Ausflug machten wir in diesem Sommer 1970. Bei Beginn des neuen Schuljahres, gingen alle Heidberg-Kinder regelmäßig zur Schule – außer den Roma-Kindern, für die musste noch ein Extra-Programm aufgelegt werden, um sie beschulbar zu machen. Für die Arbeit mit Kindern und Familien insgesamt wurde ein ausgebildeter Sozialpädagoge mit voller Stelle eingestellt und mithilfe einiger ehrenamtlichen Helfer konnte das ganze „Lager" nach und nach geräumt werden.

Für das schon erwähnte weitere Wohngebiet mit Schlichtwohnungen Am Spakenberg dienten meine Erfahrungen vom Heidberg als Grundlage der sozialen Arbeit. Unter der Leitung des Diakons der St. Petri Gemeinde entstand eine Helfergruppe, die an jedem Nachmittag der Woche die Kinder mit verschiedenen Programmen betreute. Darüber fertigte er einen „Bericht über Entwicklung, Selbstverständnis, Stand und Zielvorstellungen der Sozialpädagogischen Maßnahme Geesthacht/Spakenberg (Hansastraße) – mit einem Kommentar zum Obdachlosen-Leitplan" an, der die Grundlage für eine Diplomarbeit war. Ja, das Kreissozialamt hatte festgestellt, man müsse die Obdachlosigkeit an der Wurzel bekämpfen, und einen „Obdachlosen-Leitplan" aufgestellt. Der Plan enthielt einige Mängel, zum Beispiel die fehlende

Koordination mit nichtstaatlichen Stellen, mit den Vermietern, mit Bauträgern, mit den ehrenamtlichen Mitarbeitern. In Geesthacht immerhin wurden im Zuge des Leitplans alle Schlichtwohnungen, alle „Obdachlosenasyle" aufgelöst. Der Schlüssel zu den Eltern waren die Kinder, danach konnten auch Haushaltspläne aufgestellt und die sinnvolle Verwendung der nach Bundessozialhilfegesetz möglichen Zuschüsse besprochen werden. Für die Kinder hieß das vor allem: Wir selbst werden nicht wieder in der „Versagensfalle" landen!

Ich habe viel von dieser Arbeit profitiert. Wie schwer ist es, Kindern Vertrauen in die soziale Einbindung zu vermitteln, die bisher bei den Eltern Wut und Liebe als unzuverlässig kennengelernt haben. Aber möglich ist auch für sie eine positive Hinwendung zu gesellschaftlich notwendigen Bedingungen. In einer regellosen Gesellschaft gilt das Recht des Stärkeren – aber es kommt darauf an, die „richtigen" Stärken für ein gelingendes Leben zu entwickeln.

Heute, 2017, wohnen in Deutschland viele Flüchtlinge in den Lagern. Ach, könnte ich noch einmal als Betreuerin anfangen! Aber die schiere Fülle macht mich hilflos. Mangelnde Organisation tut ein Übriges. Und dennoch vertraue ich auf die Politik, auf die vielen Helfer, auf viele flankierende Maßnahmen: Ja, wir schaffen das!

Junge Männer ohne Schulabschluss

Wie schon erwähnt, hatten wir in der Heidberg-Siedlung ein paar ältere Jugendliche, die durch leichte Straftaten aufgefallen waren, die schon einmal im Jugendarrest gewesen waren und mit denen ich ein paar mehr oder minder erfolgreiche Gespräche geführt hatte. Das führte zu einer neuen Aufgabe für mich.

„Frau Besser, können Sie sich vorstellen, den Unterricht bei einer Gruppe von männlichen Jugendlichen zu übernehmen?" Mit dem Projekt sollten zwölf sechzehn- bis fünfundzwanzigjährige junge Männer ausbildungsfähig gemacht werden. Sie hatten die Schule abgebrochen und sich danach irgendwie durchgeschlagen, alles war „vorläufig" gewesen, sie hatten keine Gedanken an die Zukunft verschwendet. Sie waren entweder eine Zeit lang zur See gefahren, hatten sich als Boxer oder Ringer oder als Musiker versucht oder sich mit Hilfsjobs begnügt. Alle waren durch kleine Delikte aufgefallen, hatten Jugendstrafen auf Bewährung bekommen: Was sollte „der Staat" mit diesen „Durchgefallenen" machen? In einer konzertierten Aktion hatte die Stadt Geesthacht zusammen mit dem Arbeits- und Sozialamt sowie einigen größeren Arbeitgebern im Umkreis ein Programm für die Jugendlichen ausgearbeitet und finanziert: Sie sollten an vier Tagen in der Woche in einem Betrieb mit einfachen Tätigkeiten vertraut gemacht werden und dabei die sozialen Kompetenzen zur Anpassung an einen Arbeitsalltag erwerben; an einem Tag der Woche sollte regulärer Unterricht erteilt werden. So wollte man ihnen ermöglichen, den Hauptschulabschluss zu schaffen und vielleicht danach sogar einen regulären Ausbildungsplatz zu bekommen.

Einige Betriebe hatten sich bereit erklärt, es mit diesen schon halb Gestrauchelten zu versuchen; ein Sozialarbeiter sollte für die regelmäßige Teilnahme sorgen und sofort eingreifen können, wenn ein Teilnehmer am Morgen nicht in der Schule oder im Betrieb erschien; es waren Psychologen eingebunden, die gegebenenfalls helfen konnten. Meine Aufgabe war es, den Jugendlichen gewisse Grundlagen in Geografie und Biologie, im Rechnen, Schreiben und im Englischen zu vermitteln. Einmal wöchentlich acht Stunden, so hatten sich die Strategen das ausgedacht. Als sei diesen Rowdys, die die Schule abgebrochen und bereits die Freuden des selbstbestimmten Lebens kennengelernt hatten, plötzlich die Fähigkeit zum Stillsitzen auf zu kleinen Stühlen zugeflogen. Aber ich wollte es versuchen. Ich traute mir ja alles zu in jenen fernen, noch nicht vom Scheitern zerfressenen Tagen.

In einer Hauswirtschaftsschule war ein Klassenraum, der am Praktikumstag der dortigen Schülerinnen leer stand: „Aber er muss so verlassen werden, wie er morgens vorgefunden wurde." Nun schön, auch das wollten wir versuchen.

Und da saßen sie vor mir: zwölf Jungmänner, der jüngste fünfzehn, der älteste dreiundzwanzig Jahre alt. Der Kleinste ging mir bis zu den Schultern, der Größte überragte mich um mehr als eine Kopflänge, einer war dick, der andere superdünn, hier fiel keiner in die Kategorie „normal". Erste Frage also: „Was hast du bisher gemacht?" – eine Szene, wie ich sie später in „Klassen Feind" (Nigel Williams, 1978) im Theater wiedersehen sollte. Der erste Schultag verging mit Vorstellungen, Steckbriefen, Kennenlernen, Regeln besprechen. Wir dachten uns alternative Methoden zum Messen und Wiegen aus, denn weder Waage noch Messband waren zur Stelle, und bei der Aufstellung nach verschiedenen Ordnungssystemen – nach Alter, Größe, Gewicht, Geschwisterzahl, wer kann wie lange die Luft anhalten und so weiter – hatten wir alle viel Spaß. Durch Armdrücken und Fingerhakeln fanden wir eine Stärkehierarchie, das Mathe-Ranking und Messen anderer Qualitäten hob ich mir für später auf. Einen vom „normalen" Zeitplan abweichenden Tagesablauf hatte ich durchsetzen können: Beginn um neun Uhr, vier Blöcke mit je anderthalb Stunden, dazwischen Pausen nach Absprache. Bei kurzen Pausen konnten wir um halb vier fertig sein, wollten sie längere Pausen, würden wir auch bis sechs Uhr Unterricht machen. Mit der Diskussion über die verschiedenen Vorlieben – lieber lange Pausen, lieber früh fertig sein – verging der nächste Block. Inzwischen hatte ich mir mit den spielerischen Methoden schon so viel Respekt verschafft, dass wir darangehen konnten, verschiedene Sitzordnungen auszuprobieren: wie im Kino, im Kreis, zu zweit arbeiten, als Gruppe arbeiten usw. Die Inhalte waren minimalistisch und ich gab recht bescheidene und klar formulierte Arbeitsaufträge, mit denen auch die Schwächsten klarkamen und Streit vermieden wurde. Das erste Ziel war, die Ordnung der Tische und Stühle nach dem Umstellen schnell wieder so herstellen zu können, wie wir sie am Morgen vorgefunden hatten – ein Nebeninhalt war es dabei, die Aufmerksamkeit der Jungen auf die „Umgebung" zu lenken. Aber vielleicht war genau das nach den derzeitigen Lehrplänen, in denen es um Kompetenzen geht, sogar das Hauptziel: die Kompetenz zu erwerben, die Umwelt aufzunehmen, zu verändern und wieder herzustellen. Sobald mein Ton lehrerhaft wurde, konnte ich den Satz nicht zu Ende bringen, denn dann fiel bestimmt einem der Burschen etwas Launiges dazu ein. Mit Kaspereien hatten sie sich ja schon bisher hervorgetan, diese Rolle aus der Schulzeit, durch die sie ihre Abschlüsse vermasselt hatten, nahmen sie bei belehrendem Ton sofort wieder auf. Den sogenannten fragend-vermittelnden Unterricht konnte ich also vergessen.

Hier waren Methoden gefragt, die die Schüler zur Selbsttätigkeit und zu eigenen Fragen ermunterten. Die Herausforderung für mich: die Anweisungen für diese durchaus intelligenten, aber nicht angepassten Schüler einleuchtend kurz und knapp und präzise zu formulieren. Zu schwierig durften die Aufgaben nicht sein, dann wären ja Nachfragen notwendig. Wenn die Aufgaben zu simpel sind, fühlen sie sich verarscht. Da musste ich mir viel einfallen lassen – eine gute Vorübung für die Zeit als Lehrerin mit den Jahrgängen sieben bis zehn in Berlin in den Jahren 1979 bis 1985. Ketzerisch denke ich: Vielleicht sollte jede Gymnasiallehrkraft einmal ein vierwöchiges Praktikum in so einer Klasse machen. Erst wenn sie auch dort ihren Stoff vermitteln können, dürften sie ins Lehramt kommen.

Ich hieß die Jungen abpausen: Jeder der Zwölf kopierte ein Land in Europa von einer einfachen Karte in Schwarz-Weiß. Dann ausschneiden, zusammenlegen, Grenzen kennenlernen. Städte, Flüsse und Berge mit Buntstiften kennzeichnen, Handel, Wandel, Regierungen finden. Wir stellten Diskussionsregeln auf, wir sammelten die verschiedenen Erfahrungen – ohne Wertung! Erste gemeinsame Regel: Wir kritisieren uns nicht! Wir sahen die wichtigen Filme der letzten Jahre, die sie alle versäumt hatten, ich teilte ein Blatt mit lustigen Gedichten aus. „Sucht euch aus, welches Gedicht euch gefällt. Lest es mehrfach! Lest es den anderen vor! Erklärt, weshalb ihr es gewählt habt!" Das gleiche mit Liebesgedichten, Gedichten, die Gefühle ausdrücken. Lachen, Sehnsucht, Abschied, Schmerz, Verlust und so weiter. Erkenntnis: Den anderen geht es wie mir, wir empfinden fast alle die gleiche Sehnsucht nach Akzeptanz, nach Zuneigung, nach Zärtlichkeit. Im Biologieunterricht ging ich mit ihnen hinaus, ließ sie in der Umgebung der Schule wahllos Blätter und Pflanzen sammeln. Wieder im Raum, sollten sie die Fundstücke sortieren, Gemeinsamkeiten und Unterschiede suchen. Was gehört zusammen, was wuchs am selben Platz? Wie können wir herausfinden, ob die Pflanze für den Menschen essbar ist oder vielleicht giftig? Die jungen Männer, hart geworden im Lebenskampf, machten Selbstversuche, probierten wie kleine Kinder, nahmen Magenschmerzen in Kauf und kamen von sich aus darauf, dass man auch in Büchern nachsehen könnte. Es waren aufgeregte, lustige Stunden und es war nicht auszumachen, wer mehr gelernt hat: die Zwölf oder ich.

Wir waren schon einige Wochen zusammen, da gab es einen tollen Vorfall. Große Pause.

Die „Jungs" haben fast vier Stunden durchgearbeitet, jetzt brauchen sie eine lange Pause. Na klar, können sie haben. Mit großem Getöse verlassen sie freudig die Lehranstalt. „Hinaus", das ist die Umgebung der Schule am Rand der Geesthachter Innenstadt: Da gibt es die Post, ein Kaufhaus, einen Optiker, eine Apotheke, einen Bäcker, in der Nähe auch eine evangelische und eine katholische Kirche. Ich bleibe im Raum, räume auf, sammle Papiere zusammen, lege die Scheren an ihren Platz und alle Holzteile, die wir fürs Messen und Vergleichen benutzt hatten, bereite meinen Nachmittag vor.

Ein Blick auf die Uhr: Jetzt müssen meine Schüler bald zurück sein. Und da kommen sie, alle Zwölf. Lachend, scherzend, sich schubsend – und alle mit Sonnenbrillen! Zwei mit verspiegelten Gläsern, ein paar mit überdimensionierten, andere mit kleinen Gläsern ohne Rand, mit ganz dunklen, ganz normalen! Mit einem Blick erfasse ich die Situation. Die haben sie bei Optiker Bode nicht gekauft – so viel Geld haben sie nicht. Und da steht mir ganz spontan eine Bemerkung zur Verfügung. Ich höre mich in einem unglaublich strengen Ton, aber ganz ruhig sagen: „Die bringt ihr sofort zurück!"

Nicht mehr, nicht weniger! Kein Wort zu viel. Keine Diskussion! Nur dieser Befehl. Dazu ein Tod verheißender Blick, vor dem selbst Superman zurückweichen muss.

Und es wirkt. Die Zwölf grinsen noch ein bisschen, halb verlegen, einer öffnet den Mund zu einer Erwiderung, wird von einem anderen angestoßen, das Wort wird nicht gesprochen und – ja, tatsächlich – sie kehren um. Ich drehe mich weg, weil ich davon ausgehe, dass mein Befehl befolgt wird. Ich muss dieses Vertrauen durchhalten, darf ihnen nicht hinterherlaufen, das hätte bedeutet, dass ich sie kontrolliere. So stehe ich mit Herzklopfen in der Tür. Es dauert nicht lange und sie kehren zurück, ohne Brillen, setzen sich, als wäre nichts gewesen, und fragen: „Und was machen wir heute Nachmittag?" Ohne Kommentar beginne ich mit einer Unterrichtseinheit über die Zusammenhänge von Wirtschaft und staatlichen Ausgaben. Puh! Geschafft!

Der Optiker Bode hält mich auf meinem Weg nach Hause an und überreicht mir einen Blumenstrauß: „Danke!" Das war wieder eine Lehrstunde, die nicht im Studium vermittelt werden kann.

Die fröhliche Zeit mit diesen frischen, kreativen, unangepassten Jugendlichen dauerte nicht lange. Bald fand die Stadt Geesthacht einen ausgebildeten Lehrer und ich nahm mein Studium
auf, aber das ist das nächste Kapitel.

Jetzt wird studiert!

Meine Beispiele zeigen, dass man in den sechziger Jahren alles auch ohne formale Ausbildung machen konnte: Jugendleiterin, Lehrerin für schwer Erziehbare, Coach bei scheiternden Familien. Eine Freundin hatte Hauswirtschaft gelernt, gab Unterricht in diesem Fach und füllte im Gymnasium die Lücke im Chemieunterricht aus. Es war die Zeit, in der Gerold Becker ohne entsprechende Ausbildung Leiter der Odenwaldschule wurde – einem Ort, an dem handwerkliche und theoretische Bildung gleichermaßen vermittelt wurde. Es herrschte Lehrermangel und die starken Geburtsjahrgänge drängten in die Schule. Und so suchte man Menschen, die auf dem sogenannten zweiten Bildungsweg eine Ausbildung für Unterricht und Lehre machen wollten. Diese Welle erfasste mich. Die halb ehrenamtliche Tätigkeit mit den Kindern im Obdachlosenasyl hatte mich vor viele Herausforderungen gestellt, die ich mehr oder weniger unzulänglich bewältigt hatte.

Jetzt war die Zeit gekommen, mich für einen Beruf auf diesem Feld zu qualifizieren. Ich wollte Erzieherin werden, scheiterte jedoch an bürokratischen Hindernissen. Da machte ein Bekannter, Lehrer an einer Schule für Behinderte, mir den Vorschlag, ein Hochschulstudium zu absolvieren. „Das geht wohl nicht", widersprach ich, „ich hab kein Abitur." „Ich meine, du könntest die ‚Zulassungsprüfung für ein fachgebundenes Studium' machen. Du kannst ja nächste Woche mal mit nach Kiel fahren und dich erkundigen." So sah ich mich in der Informationsstelle der Pädagogischen Hochschule in Kiel[2] wieder und holte mir die Unterlagen für die Bewerbung, reichte diese ein und wurde zur Prüfung zugelassen. Gefordert wurde ein deutscher Aufsatz, das war nicht schwer; ich schrieb über „Jugendprotest im Wohlfahrtsstaat", darüber war ich hinlänglich informiert. Alle fünf Jahre kommt eine neue Welle des Protestes und jedes Mal wundert sich die Presse

---

[2] Heute als erziehungswissenschaftliche Fakultät integriert in die Christian-Albrechts-Universität Kiel

pflichtschuldigst, wieso die Jugend neue Wege sucht. Dann kam eine Prüfung in allgemeinen Fragen, auch das war nicht schwer, denn durch die Arbeit in der Kirche und mit den Kids im Heidberg sowie durch den Kontakt mit all den politisch interessierten jungen Familien und Kollegen meines Mannes brachte ich auch da ausreichende Kenntnisse mit.

Das schwierigste war eine Prüfung in den Naturwissenschaften, zu denen zum Glück auch Geografie gehört. Die schriftliche Prüfung war nur zu bestehen, indem ich die fünf Probanden – inklusive meiner -, die dieses Fach gewählt hatten, zusammenholte und somit vier von uns vom Wissen der fünften profitieren konnten, denn das Thema war „Klimazonen der Erde" und da hätte wir anderen nur ein paar allgemeine Sätze schreiben können - sie aber legte ihre mit Kenntnissen über Isobaren und Isothermen beschriebenen Blätter in die Mitte, so konnten wir anderen anhand von Stichworten ebenfalls einigermaßen beschriebene Blätter abgeben. In diesem Fach wurde allerdings auch mündlich geprüft, ich hatte mich auf Kanada vorbereitet. Der Flüstergeist sagte: „Der Professor führt anhand dieser Vorbereitung ein Gespräch, das die Lücken nachweist." So entschloss ich mich zur Offenheit: „Ich habe etwas über Kanada gelesen, weiß aber, wie bescheiden mein Wissen ist, und will dieses im Studium ergänzen." Er lächelte: „Dann erzählen Sie mal." Ein großer Teil dieser launigen Viertelstunde ging mit der Diskussion über Trichter- versus Deltamündungen bei Flüssen dahin, wie sie entstehen, welche Vor- und Nachteile sie mit sich bringen. Das haftet genauso im Gedächtnis, wie der Satz eines späteren Geografieprofessors: „Wer nichts weiß, der sieht auch nichts." Dieser Satz begleitet mich nunmehr oft, wenn ich unvoreingenommen eine Landschaft betrachte. Was kann ich aufgrund von Wissen sehen und was entgeht mir? Um ehrlich zu sein: Mir entgeht das meiste. Aber wenn das Herz mit durch die Lande geht, dann hört man, was die Bäume sich zu sagen haben, welche Nachrichten der Wind bringt, dann riecht man den Sommer und den Herbst und kann die Zeichen aus den brennenden Scheiten am Kamin entschlüsseln.

Einige Wochen später hielt ich mein Zertifikat und die „Zulassung zum fachgebundenen Studium an der Pädagogischen Hochschule Kiel" in der Hand. Jetzt begann eine unselige Diskussion mit meinem Mann: „Das hättest du dir früher überlegen sollen. Jetzt hast du Kinder. Wie willst du ein Studium bewältigen?" Ich konterte: „Es sind auch deine Kinder. Jeder Mann, der sich weiterbilden will, erhält Unterstützung von allen Seiten, eine Frau wird behindert. Jede Frau, die für Urlaub und Häuschenbau ‚mitarbeitet', ist in Ordnung, aber eine Frau, die studieren will, ist zu spät aufgestanden? Es muss nur organisiert werden."

Dennoch hatte er recht. Wie sollte ich zu den Vorlesungen und Seminaren nach Kiel kommen? Von Geesthacht aus mit dem Bus nach Bergedorf, mit dem Zug nach Hamburg, mit einem weiteren nach Kiel? Es war offenbar wirklich unmöglich. Wieder half der Zufall. Ich schilderte mein Dilemma einer älteren Bibliothekarin, die in Lüneburg gewirkt hatte. Sie riet mir, mich an der damaligen Pädagogischen Hochschule (PH) Lüneburg zu bewerben. Und da stand ich im Sekretariat, eine Frau Podewils sah sich meine Zeugnisse an: Abschluss Mittlere Reife, Berufsausbildung, Zulassungsschreiben aus Kiel. Sie meinte: „Wenn Sie schon ein Semester in Kiel studiert hätten, würden wir Sie auch nehmen. Reichen Sie einfach noch das polizeiliche Führungszeugnis und die Bescheinigung über die Krankenversicherung ein, dann wird alles geprüft." Es wurde geprüft und ich wurde zugelassen.

Und nun? Lüneburg lag zwar näher als Kiel, aber auch nach Lüneburg kam man nicht so leicht mit öffentlichen Verkehrsmitteln. Der nächste Zufall spielte mir einen alten VW in die Hand, mein Mann hatte sich mit meinem Vorhaben arrangiert, der Sohn kam in die Schule, die Tochter in den Kindergarten, die Nachbarin war bereit, die Restzeiten zu übernehmen, und ich studierte! Ich, das Kind aus der Gosse! Die Brüche solcher Biografie hat z. B. auch

Karin Struck in dem Roman „Klassenliebe" eindrucksvoll geschildert: Es fehlen das ganze Leben bestimmte Metaphern der humanistischen Grundbildung. Obwohl es meiner weiteren Karriere nicht schadete, kam hin und wieder dies Gefühl der unzulänglichen Diktion auf.

Die Hochschule war voller begeisterter, aufbruchbereiter linker Studenten, aber auch Dumpfbacken direkt vom Abi saßen in den Hörsälen, die nicht gewusst hatten, was sie außer Lehramt hätten studieren sollen. Der Ton war von Aufruhr bestimmt, die Atmosphäre revolutionär. Wir duzten die Professoren und Assistenten, das heißt, weitgehend, denn einige strahlten eine solche Autorität aus, dass sich bei denen das Du verbot. Bald fand ich eine Arbeitsgruppe mit Leuten, die ebenfalls auf dem zweiten Bildungsweg gekommen waren. Die ganze sozialistische Pädagogik wurde durchgekaut, die Frankfurter Schule der Dialektik wurde unser Leitstern. Enthusiastisch saugte ich theoretische Kenntnisse über das Aufwachsen von Kindern und Jugendlichen auf.

In den philosophischen Vorlesungen von Schweppenhäuser, einem Adorno-Schüler, lernte ich, was Dialektik ist. „Du bist immer eine Person", erklärte er. „Erst bist du ein Kind, dann ein Teenager, eine junge Frau, du bist vielleicht Mutter, bleibst gleichzeitig das Kind deiner Eltern, wirst eine alte Frau. Aber immer bist du diese Person. Wenn du alle diese Zustände mitdenken kannst, so hast du einen Ansatz für das, was mit Dialektik gemeint ist." Na ja, ganz so einfach war es nicht, aber aus dieser „Kunst des Dialogs" oder aus dem Dreischritt „These – Antithese – Synthese" erwuchsen doch wesentliche gesellschaftliche Erkenntnisse für mich. Ich befasste mich mit systemischer Einordnung, mit empirischer Sozialforschung, ich rechnete mit Interferenzstatistik aus, dass das Abnehmen der Zahl der Störche in einer Gegend nicht die Ursache für das Abnehmen der Kinderzahl in dieser Gegend ist, war mir der Lächerlichkeit von Empirie in der Erziehung stets bewusst und gab dem Erfahrungswissen von Freud oder der qualitativen Analyse von C. G. Jung den Vorzug. Später fand ich es hilfreich, mich von

funktionalen Strukturen leiten zu lassen, blieb skeptisch gegenüber allen Festlegungen. Die Frage, ob das Sein das Bewusstsein
bestimmt oder ob vielleicht doch umgekehrt das Bewusstsein das
Sein bestimmt, bewegte uns in endlosen Diskussionen. Was ist Basis, was Überbau, welchen Einfluss haben Religion und sozialer
Status deiner Eltern auf dein Denken?

In der Pädagogik kam ich auf Theodor Litt zurück und diskutierte wieder, wie viel Führung, wie viel Wachsenlassen ein Kind
braucht. Intensiv befassten wir uns mit genetischer Disposition
und den durch Erziehung möglichen Veränderungen, ich begeis-
terte mich mit meiner Generation für die Reformpädagogik, für
Summerhill und Paulo Freire, aber auch für Maria Montessori und
Rudolf Steiner. Was für eine Aufbruchzeit! Wir wollten nicht nur
Deutschland demokratischer machen, sondern wir wollten mit
unserem Wissen einen neuen Menschen heranbilden – freier,
selbstbewusster, verantwortlicher, kreativer und visionärer. „Auf
in die Schule! Alle Kinder schaffen es!", blökten wir blöde in alle
Richtungen und wunderten uns, dass Coca-Cola und die ganze
Spaß verheißende Werbung immer schon da waren; die listigen
kapitalistischen Igel, während wir ehrlichen Hasen den „Marsch
durch die Institutionen" antraten und dabei auch noch vom Ver-
fassungsschutz kontrolliert wurden.

Meine erste Lehrerstelle in Schwarzenbek

Prüfung für Prüfung kämpften wir uns durchs Studium: Erstes Staatsexamen, Vordiplom – niemand von uns wusste genau, welchen Berufsweg man mit einem Diplom einschlagen wollte, Hauptsache mitmachen! Daran anschließend das Hauptdiplom Erziehungswissenschaften und dann ins Referendariat. Inzwischen war ich auch politisch aktiv, war im Sozial- und im Jugendwohlfahrtsausschuss des konservativen Kreises Herzogtum Lauenburg, setzte mich politisch für die Auflösung des Obdachlosenasyls am Heidberg und für sozial schwache Familien ein sowie für die Verbesserung der Heime. Ich befasste mich mit den Möglichkeiten, divergenten Jugendlichen, die durch Drogen oder Gewalt aufgefallen waren, eine Zukunft innerhalb der Gesetze aufzuzeigen, geeignete Pflegefamilien zu finden, Heimunterbringung zu vermeiden und so weiter.

Ein besonders dramatischer Fall war eine Dreizehnjährige, die wegen häuslichen Missbrauchs bei Pflegeeltern untergebracht war und die jetzt von der Mutter zurückgefordert wurde mit der Begründung, sie sei jetzt nicht mehr alkoholabhängig und könne besser aufpassen. Das Mädchen musste wieder in die desolate Familie gegeben werden, ein weiterer Missbrauch durch die wechselnden Partner der Mutter war vorhersehbar – was konnte ich tun? „Die Familie geht vor", sagte der Richter und ich musste tatenlos zusehen, wie weiteres Unglück über das Mädchen kam.

Dabei war die Messerschneide stets gegenwärtig. Ein Junge, der mit seiner Gitarre und Drogen hantierte, konnte ein erfolgreicher Musiker werden oder mit einem „goldenen Schuss" seinem Leben ein Ende setzen. Ein Mädchen konnte unter den vielen Männern, mit denen sie vögelte, den Märchenprinzen finden, aber ebenso leicht konnte sie von einem Taugenichts geschwängert werden, ohne Aussicht auf Hilfe für die Betreuung und Erziehung dieses Kindes. Schon klar, dass ich solche Beispiele nenne: Jungen mit Drogen und Musik, Mädchen mit Sex – kann/konnte es (nicht) auch umgekehrt sein? In den sechziger Jahren des vorigen Jahrhunderts kaum, erst mit der Hippie-Bewegung und den Studentenaufständen kamen die Rollenbilder ins Rutschen und konnten sich sogar ins Gegenteil verkehren, wobei aber auch dann kein Junge schwanger wurde. Erst Anfang des neuen Jahrtausends konnten offiziell zwei Männer zusammen wohnen und sich ein Kind von einer Leihmutter austragen lassen, womit freilich neue Probleme entstehen können, die hier nicht ausgebreitet werden sollen.

Mein erster Schultag in der Realschule Schwarzenbek. Mein Outfit hatte ich sorgfältig gewählt: ein leicht ausgestellter, knielanger Rock in Beige, eine luftige, moosgrüne Bluse, flache Schuhe. Hübsch sollte sie sein, die Lehrerin, nicht zu auffällig, aber auch nicht zu bieder gekleidet – der erste Eindruck beim Betreten einer neuen Klasse ist wichtig, sagte ich mir. Mit sicherem Schritt betrat ich das niedrige Gebäude am Markt, wo im Klassenraum der ehemaligen Dorfschule die sechste Klasse ausgelagert war, die ich als Klassenlehrerin in Deutsch, Biologie und Mathe übernehmen sollte. Vierzig Jungen und Mädchen sahen mich erwartungsvoll an, zweiunddreißig über die Pulte hinweg von ihren Stühlen aus, die anderen acht saßen Beine baumelnd auf den Fensterbänken. Ich war empört: Nicht mal genügend Tische und Stühle? Wie sollte ich da unterrichten? Und wie sollten weitere Tische und Stühle in den ohnehin vollgequetschten Raum passen?

Fassungslos stand ich da und ich weiß bis heute nicht, wie wir die Situation gemeistert haben. Ruhe? Nur die ersten Minuten. Dann machte ich alle Anfängerfehler, die sich denken lassen, z.B. beantwortete ich einzelne Fragen, ich drehte mich zur Tafel, ich redete und schrieb gleichzeitig, ich schrie gegen die Lautstärke an. Noch heute wundere ich mich darüber, dass sich manchmal Schüler oder Schülerinnen aus dieser Zeit über Facebook bei mir melden und sich ganz fröhlich an unsere „lustigen" Stunden erinnern.

Wie gesagt, diese sechste Klasse bestand aus vierzig elf-, zwölf- und dreizehnjährigen Jungen und Mädchen. Die Mär von der Jahrgangsklasse ist ja spätestens im dritten Schuljahr überholt. Da sind so viele spät eingeschulte, zu früh eingeschulte, wiederholende Schüler*innen dabei, da agieren einige noch fast wie ein Kleinkind, während andere bereits ersten Geschlechtsverkehr hatten. Bang fragte ich mich: Was mache ich mit diesen Frettchen? Ein großer Teil von ihnen war nicht für die Realschule empfohlen, die Eltern hatten trotzdem entschieden, die Kinder auf diese Schule zu schicken - Elternwille zählt. Alles war vertreten: die Fleißigen, die sich nicht abhalten lassen, das zu lernen, was „dran" ist; die Intelligenten, die nur das Nötigste tun; die Kreativen, die immer versuchen, etwas anderes zu machen als das, was im Lehrplan vorgesehen ist; die Faulen, die es könnten, die sich aber aus welchen Gründen auch immer nicht auf das Lernen des Schulstoffes einlassen wollen oder können; schließlich die etwas Minderbegabten, denen man mit weiteren Erklärungen und Differenzierungen helfen kann.

Am Schluss des ersten Schuljahres bekam ich die „goldene Säge", weil ich viele Kinder entweder zwang, das Schuljahr zu wiederholen oder auf die Hauptschule zu wechseln. Ich kann aber sagen: Ich habe mich bemüht, ihnen allen gerecht zu werden, ihre Individualität zu sehen, ihnen den Lehrstoff auf verschiedene Weise darzubieten. Bei der ersten Elternversammlung bemängelte ein Vater: „Sie erklären die Aufgaben nicht gut." Ich tappte in die Rechtfertigungsfalle und legte dar, auf wie vielfältige Weise ich den Stoff vermittle. Der Vater war nicht zufrieden. Da sprang ein anderer Vater ein: „Vielleicht liegt es am Kopf ihres Sohnes?" Ach, diese Eltern! Alles, was mit den Sprösslingen nicht so recht klappt, soll die Schule richten! Dabei wird aus den meisten Menschen trotz der Schule etwas. Es gibt so viele Tätigkeiten, die die Schule nicht fördert oder abfragt. So viele Dinge, die man vielleicht zum Leben und Überleben braucht und die man außerhalb der Schule lernt. Einmal war eine Hausaufgabe zu erledigen gewesen und ein Schüler kam und sagte: „Ich habe die Hausaufgabe nicht, ich war faul." Ich fragte ihn: „Was hast du denn den ganzen Nachmittag gemacht?" Er darauf: „Ich habe den ganzen Nachmittag fleißig geangelt." „Dann warst du also fleißig." „Nein, faul." „Aber wenn du fleißig geangelt hast, dann kannst du doch nicht gleichzeitig faul gewesen sein." Er blickte erstaunt und dann glitt ein Lächeln über sein Gesicht. „Ich hole die Aufgaben zu morgen nach."

Manchmal dachte ich, die Eltern können die sich schnell verändernde Wirklichkeit nicht mehr erklären und die Schule, vornehmlich der Klassenlehrer, hat diese Aufgabe zu erfüllen, folglich ist diese Person auch der Vertreter der Normen und hat entsprechend mit dem Jugendprotest zu kämpfen. Ich war die Vermittlerin zwischen den Anforderungen eines sich wandelnden Arbeitsmarktes und den Bedürfnissen der Jugendlichen, sich frei zu entfalten. Die Lügen waren ja offensichtlich: Freie Wahl des Berufes, freie Wahl des Arbeitsplatzes wurden propagiert und ins Grundgesetz geschrieben, aber es gab nicht ausreichend Arbeitsplätze in den Bereichen, die die Jugendlichen wählen wollten, nicht ausreichend Ausbildungsplätze im Wunschberuf. Manch einer, der gern Goldschmied geworden wäre, ist dann doch im Kfz-Handwerk gelandet. Immer ausgefeilter wurden die Systeme, jedem Schüler, jeder Schülerin einen Platz nach seinen bzw. ihren jeweiligen Fähigkeiten und Fertigkeiten zuzuordnen. Trotzdem gab es immer mehr Bewerber als Plätze und viele blieben unversorgt und machten manche weitere Runde durch verschiedene Schulen, bevor auch sie einen Platz in der Arbeitswelt fanden. „Bildung braucht begeisternde Ziele", konstatierte Tolstoi einst und ich versuchte, den Heranwachsenden diese Ziele zu verdeutlichen: die knapper werdenden Ressourcen der Erde sinnvoll einsetzen, gegen einen hemmungslosen Kapitalismus kämpfen, sich politisch engagieren, um unsere Republik mitzugestalten, Maßnahmen zum Schutz der Umwelt entwickeln, für eine gerechtere Verteilung zwischen Erster und Dritter Welt eintreten und so weiter. Die Bereitschaft, die verantwortlichen Erwachsenen von morgen zu sein, ist weder von Anfang an da, noch kann das per Schulstoff vermittelt werden. Das ist ein Geflecht von Hinführung, Aufnahme der Neugier, Aufmerksamkeit, Vertrauen und vielem mehr. Ich betreute meine sechste Klasse, lernte die Kids kennen, ging mit ihnen durch die Siebte und dann kam die Achte!

Wie hübsch nach jeden Ferien in einer achten Klasse immer dieselben Verhaltensweisen auftauchen: Bei der Ansprache der Schulleitung, der Begrüßung in der ersten Stunde, sitzen die Jungen hinten auf den Tischen und können nicht aufhören zu kichern. Alles scheint lustig und jedes Wort gibt Anlass für endlose Heiterkeit. Dabei braucht es häufig kein Wort eines Erwachsenen zu sein, es reicht eine Bemerkung aus den Ferien, über einen anderen oder über ein Mädchen – schon gackern sie wie die Hühner. Anders die Mädchen. Sie richten neugierig und gleichzeitig verschämt die Blicke auf einander. Für sie spielt in diesem Schuljahr das Aussehen die größte Rolle. Die Mädchen definieren sich über Kleidung und Schmuck, untereinander sind sie garstig und oft ziemlich gemein. Ich glaube, als Lehrerin hat man in der achten Klasse die größten Herausforderungen zu bestehen, abgesehen vielleicht von der ersten Klasse. Diese obergärigen Halbstarken beiderlei Geschlechts benötigen große Freiräume und dazu Leinen, die sie bei Gefahr halten.

Mit dreizehn ist man neugierig auf alles, was man noch nicht probiert hat, und dazu gehört in erster Linie die eigene Sexualität. Wie viele männliche Lehrer werden von ihren Schülerinnen mit zu offenherziger Kleidung, mit Augenaufschlägen und kurzen Röcken in die größte Verlegenheit gebracht? Manch einer erliegt dem Charme dieser Angebote, vielleicht nicht dem der Dreizehnjährigen, dann aber der sechzehn oder siebzehn Jahre alten Mädchen, die ihre Reize schon sehr gezielt einzusetzen gelernt haben. Roxana kommt mit einem Rock in die Schule, für den schon allein das Wort zu lang ist, die Beine sind bis zum oberen Anschlag zu sehen. Oben herum hat sie ein trägerloses Top, die Brüste springen fast

über den Rand. „Oh, du bist aber hübsch für den Strand gekleidet", bemerkte ich, als ich ihr im Treppenhaus begegnete. Sie lächelte geschmeichelt, überhörte die Ironie: „Ja, es ist ziemlich
heiß heute." Ich rief die Mutter an: „Roxana kam heute recht locker gekleidet in die Schule." „Ja, sie hat einen schönen Busen und
zeigt den gern", lautete die Antwort der Mutter. Oh je! Sollte ich
die Mutter jetzt über die Instinkte der Männer aufklären?

Ich entschied mich für ein Gespräch in der Klasse. „Jetzt im
Sommer, wenn es heiß ist, ziehen sich die Mädchen gern so an, als
ob sie zum Strand wollten. Wir sind aber in der Schule." Gemur-
mel. Einige Jungen maulten: „Wir müssen immer mindestens ein
T-Shirt anhaben und dürfen auch nicht in so Mini-Shorts rumlau-
fen. Sonst würden alle denken, wir seien schwul." Schwul-Sein
war verpönt, also zogen sich die Jungs einigermaßen zivilisiert an.
Ich meinte, darauf aufmerksam machen zu müssen: „Das ‚normale' Kleid des Menschen ist die Nacktheit. Wollt ihr, da das Wetter entsprechend warm ist, morgen alle nackt in die Schule kommen? Und denkt mal, dann hat jemand noch so Schleifspuren am
Hintern, setzt sich auf den Stuhl und du wirst hinterher …" „Igitt!",
wurde ich unterbrochen, „das meinen wir doch nicht." Gut. Jetzt
fingen sie an zu denken! „Also was ist angemessene Kleidung für
die Schule?" Und nun kam schnell heraus, dass sich auch die Mädchen mit T-Shirt und nicht zu knappen Shorts oder Röcken beklei-
den sollten, wo es nicht um die Freizeit geht. Viel später arbeitete
ich eine Zeit in Kairo und musste eine weitere Lektion lernen. In
den privaten Schulen gibt es eine Schuluniform, streng wird auf
die Einhaltung der Vorschriften bei Schuhen, z.B. keine Flipflops,
Hosen, Röcken, Blusen und Jacken geachtet. Auch in der von Bor-
romäerinnen geführten Mädchenschule halten sich die Mädchen
daran. Aber dann macht man einen Ausflug mit ihnen und flugs
verschwinden Röcke, Hosen und Blusen in den Beuteln und die
Mädchen stehen in hautengen Tops mit Spaghettiträgern und
winzigen Shorts auf der Feluke, die mit der fröhlich bauchtanzen-

den Schar auf dem Nil herumsegelt. Immer wieder mit solch kreativen Verhalten konfrontiert zu werden, hat mich über die Jahre neugierig bleiben lassen: Wie wird die nächste Generation ihre Initiationsriten feiern?

Schuluniform ja oder nein? Ein wunderbares Thema für den deutschen Besinnungsaufsatz in der achten Klasse. Dass die Schüler*innen bei einer bestimmten Kleiderordnung weniger Konkurrenz untereinander haben, ist eine Mär. In der Realität weist auch die Uniform entsprechende Zeichen von Reichtum oder Armut auf und für das Abgrenzen von der Masse finden Jugendliche immer ein Mittel, sei es eine besondere Uhr, ein Armband, ein Tuch oder zunehmend auch ein Tattoo oder sogar Piercing, wenn die Eltern das erlauben oder man sich über deren Bedenken hinwegsetzt. Ach, die ewige Sorge, wie man gleichzeitig besonders sein und trotzdem zur angesagten Clique dazugehören kann. Welche Gruppe hat das Sagen? Das ist ein kompliziertes Geflecht aus Intelligenz und/oder Frechheit. William Golding hat in seinem Roman „Herr der Fliegen" dargelegt, wie dramatisch sich diese Sehnsucht nach Führerschaft und Zugehörigkeit auswirken kann. Wie leicht alle Vernunft einer vermeintlich cooleren Zukunft geopfert wird.

Im nächsten Jahr bekam ich eine neunte Klasse und durfte sie zwei Jahre bis zur Mittleren Reife begleiten. In dieser Zeit wurde meine Liebe zu den Pubertierenden so richtig gefördert. Die Nöte und Ängste dieser Zeit machten manche Klassenkonferenz, manch Elterngespräch notwendig. „Wir brauchen eine Klassenkonferenz für Bettina F." Frau M., die Klassenlehrerin der 9a, eine stark übergewichtige Person, die Mathe, Bio und Englisch in ihrer Klasse gab, suchte einen baldigen Termin, sie war offenbar in großer Aufregung. Der Termin wurde gefunden, alle Lehrkräfte der Schülerin und die Elternvertreter waren versammelt. Frau M. wand sich und druckste herum, wir wurden etwas ungeduldig und dann stieß sie fast wütend heraus: „Bettina ist schwanger." Sie schwieg und wir warteten, was sie weiter zu berichten hätte. „Offenbar schon länger." Es kam heraus, dass die Schülerin bereits im siebten Monat war, bisher mitgeturnt hatte, als sei nichts, und erst die Sportlehrerin hatte bemerkt, dass sich zwar alle anderen Schülerinnen irgendwann wegen ihrer Periode entschuldigt hatten, Bettina aber in den letzten Monaten nicht ein einziges Mal. Da erst wurde die Schwangerschaft entdeckt. In der Konferenz begann ein lebhaftes Hin und Her: Was soll mit der Schülerin werden? Frau M. hatte die größten Probleme mit der Tatsache, dass das Mädchen, um schwanger zu werden, eine sexuelle Beziehung haben musste. Sex mit vierzehn! Das ging nicht in ihren Kopf – und „wer ist der Vater?".

Ich beendete pragmatisch die unselige Diskussion: „Wer kann für das Kind sorgen?" Und jetzt zeigte sich viel Zuversicht und familiärer Zusammenhalt: Das Kind würde in den Sommerferien zur Welt kommen. Die Eltern des Mädchens wollten die Tochter unterstützen. Der Vater des noch ungeborenen Kindes und dessen Eltern waren auch bereit zu helfen. Kurz: Die Schülerin versäumte nur die letzten Wochen vor den Ferien und kam danach weiter zur Schule, machte ihren Realschulabschluss und das Kind wuchs bei der sehr jungen Mutter mit Hilfe aller Beteiligten heran. So kann es ausgehen! Aber wie oft geht es nicht so glimpflich aus? 2015 hatte eine Schülerin in Berlin unbemerkt von allen Beteiligten ein Kind ausgetragen, es im Badezimmer der Eltern zur Welt gebracht und es dort getötet. Da hatten mehr Leute als nur die Eltern und dieses Mädchen versagt.

Heute blicke ich auf ein Foto, das mich umrahmt von den Schülerinnen und Schülern meiner ersten Zehnten zeigt, deren Entlassung aus der Schule ich mit gestalten durfte. Stolz und ein bisschen überheblich blicke ich in die Kamera, ebenso stolz, aber mit einem Fragezeichen in Richtung Zukunft, blicken die Jungen und Mädchen. Zwei zehnte Klassen hatte die Realschule, in der einen waren die Schüler*innen, die sich für Französisch entschieden hatten, in der anderen offiziell die, die eher technisch-mathematisch interessiert waren; aber jeder wusste, dass dies keine aktive Wahl war, sondern eine Wahl gegen Französisch. Ich war schon an der Schule, unterrichtete Deutsch, eine weitere Lehrkraft mit Deutsch sollte aus Bayern kommen; ich durfte wählen, welche Klasse ich übernehmen wollte. Allein aus praktischen Erwägungen – dreizehn Aufsätze sind schneller korrigiert als fünfundzwanzig – nahm ich die „Franz-Klasse". Die neue Kollegin wurde zwar meine Freundin, aber die ihr im ersten Jahr zugewiesene große Klasse gab lange Anlass für ironische Wendungen über meine Vorteilsnahme.

Es war eine aufgeweckte, diskutierfreudige Schar, die ich zu betreuen hatte. Mit Schillers „Verbrecher aus verlorener Ehre", der tragischen Figur des Karl Mohr in „Die Räuber" und Bölls „Die verlorene Ehre der Katharina Blum" ergaben sich heftige bis hitzige Diskussionen. Soll man sich anpassen? Wie schnell wird man falsch interpretiert? Wann erkennt man eine Intrige? Wie wehrt man sich, wenn ein falsches Bild verbreitet wird? Die Fragen „meiner" Schüler*innen regten zu weiteren Fragen an, zu Widersprüchen, zur Opposition, zur Erkenntnis von Unstimmigkeiten, zur Skepsis auch und erst recht gegenüber dem gedruckten Wort, zu Einordnungen in das herrschende System und zur Toleranz. Eine besonders hitzige Debatte entbrannte beim Thema Gewalt. Wir lasen appellative Texte von Brecht, Eich, Enzensberger und anderen, die zum Tun aufrufen, gleichzeitig waren die Zeitungen voller Berichte über die Rote Armee Fraktion, die aus den Studentenunruhen hervorgegangen war und offen zur Gewalt aufrief. Wo und wann man oder frau sich abgrenzen muss, ist immer wieder neu zu beantworten und ist schließlich immer die Entscheidung des Einzelnen. Die Meinungsbildung ist sehr schwierig und die Gewissensbildung vielleicht noch schwieriger. Beides sind die entscheidenden Herausforderungen für den jungen Menschen.

Sybille ist kleine ein Meter fünfzig groß, ein bisschen kompakt gebaut, ihre langen braunen Haare hängen ihr oft ins Gesicht und werden ebenso oft mit trotziger Gebärde zurückgeworfen, in den Deutschstunden sitzt sie direkt vor mir. *„Man darf sich nicht alles gefallen lassen!"* Heftig verteidigt sie den Einsatz von Gewalt. Gunnar ist ihr Widerpart: *„Gewalt führt immer nur zu Gegengewalt."* *„Ja, du guckst auch zu, wenn deine Freundin vergewaltigt wird. Du sagst nur sanft: ‚Ach, bitte nicht!'"* *„Mach dich nicht lustig über mich. Ich weiß nicht genau, wie ich in so einer Situation reagieren muss. Oder was ich tun würde. Was erwartest du denn?"*

Da mischt sich Frieder provokativ ein und wendet sich an Sybille: *„Du willst doch so emanzipiert sein, da kannst du dich doch gegen Vergewaltigung selbst verteidigen!"* Jetzt mucken die anderen Mädchen aber auf: *„Das hat doch nichts mit Emanzipation zu tun. Ihr wollt doch immer irgendwie ein sanftes, braves Mädchen, aber dann müsst ihr uns auch in schwierigen Situationen verteidigen!"* So geht es eine Weile hin und her, Sybille schweigt eine lange Zeit. Dann platzt sie heraus: *„Es geht nicht um das Private. Es geht um das Politische. Diese Schweinekapitalisten schlucken doch alles. Sie wollen, dass wir blinde Esel werden und kaufen, kaufen. Und dann kaufen sie durch ihre Lobbyarbeit die Politiker und setzen ihre Interessen durch. Und was machen die Abgeordneten? Sie sollen nach ihrem Gewissen handeln, aber habt ihr mal gesehen, was passiert, wenn sich jemand nicht dem Fraktionszwang fügt?"* Diese Suada bringt alle auf, die meisten haben keine Ahnung von der Politik und ihren Zusammenhängen, also wird nachgefragt: *„Und was hat das deiner Meinung nach damit zu tun, dass man sich nicht alles gefallen lassen soll?"*

Und jetzt legt Sybille erst richtig los: *„Ist doch klar: Wo Unrecht Recht wird, wird Widerstand zur Pflicht! Und wenn du sonst nichts machen kannst, musst du eben Sand ins Getriebe werfen, notfalls musst du mit Waffen auf das Unrecht aufmerksam machen."* *„Jetzt redet sie sich um ihre Karriere"*, denke ich und greife ein. *„Wir können in gar keinem Fall derartige private Gewalt zulassen. Das Grundgesetz sagt: ‚Alle Staatsgewalt geht vom Volke aus'. Da-*

für wählen wir unsere Vertreter und das Parlament hat die Entscheidungsgewalt." Kirsten meldet sich: „Ich finde, Gandhi ist ein gutes Beispiel, wie man gewaltfrei Widerstand leisten kann." Da ertönt die Pausenklingel.

Mit einer Mischung aus Ärger, dass die Diskussion abgebrochen werden musste, und Freude über die Unterbrechung schlenderten die Kids in den Hof. Ich sah sie vom Fenster des Lehrerzimmers aus, einige diskutierten weiter. Jeder, das ist mir bewusst, wählte seinen Weg zwischen Anpassung und Widerstand.

Wir schrieben das Jahr 2015. Eine neue Partei, die Alternative für Deutschland (AfD), bekam Zulauf. Ich las die Zeilen Günter Eichs wieder: „Schlaft nicht, während die Ordner der Welt geschäftig sind …" und hatte plötzlich viel Verständnis für diejenigen, die sich von der Großen Koalition und den herrschenden Medien nicht mehr vertreten fühlten. Was war so anders an unserer Interpretation des Gedichtes 1976? Was war so anders bei der Gründung der grün-alternativen Partei, die sich aus der Anti-Atomkraft-Bewegung entwickelte? Wo Ratlosigkeit sich verbreitet, sucht man einen eigenen Weg. Ob und wie falsch der sein kann, wird erst hinterher deutlich. Da neue Herausforderungen neue Wege erfordern, kann aus der Geschichte leider nicht gelernt werden.

Nach den Herbstferien kam Uwe in unsere Klasse, da waren wir vierzehn. Uwe, schlaksige einsachtzig, dunkle Locken, fröhliche graue Augen, war das zweite Mal in der zehnten Klasse des Gymnasiums und es war abzusehen gewesen, dass er die Aufgaben auch in diesem Jahr nicht bewältigen würde, und so landete er in unserer Klasse. Mit ihm ertönte ein völlig neuer Ton in unserem Chor. Plötzlich kamen ausgeprägte Geschichtskenntnisse dazu, kamen neue Perspektiven in die Debatten.

Uwe kam aus einem sozialdemokratischen Elternhaus, sein Vater kandidierte für die SPD für den Kreistag, die Diskussionen wurden noch politischer, noch zugespitzter, noch spannender. Schnell bildeten sich Sybille und Uwe als Gegenspieler heraus, obgleich im

Grunde beide auf derselben, eher linken Seite kämpften. Während Uwe realpolitisch, fast opportunistisch argumentierte, wollte Sybille radikal sein. Ausstieg aus der Atomkraft forderte sie sofort und war bereit, mit Waffen gegen neue Meiler vorzugehen, Uwe wollte die friedliche Nutzung der Kernenergie, führte ihren Nutzen in der Medizin an. Sybille wehrte sich gegen Giftmüll, Uwe wollte besondere Deponien. Die anderen Schüler hörten zu, mischten sich ein, fingen an, ebenfalls Zeitung zu lesen, politische Debatten zu verfolgen und zu Versammlungen zu gehen.

Vielleicht nahmen wir in diesem Jahr zu wenig klassische Literatur durch, aber dafür analysierten wir die politischen Reden. Wir hinterfragten, wer mit „wir" gemeint ist, wenn ein Redner behauptete, „wir" hätten die Bundesrepublik aufgebaut oder „wir" müssten uns gegen die Sowjetunion verteidigen. Wir lasen die Texte der Friedensbewegung und hielten die Werbebroschüre der Bundeswehr dagegen. „Haben Sie eigentlich auch eine Meinung?", fragten mich die Schüler. „Natürlich", gab ich zur Antwort, „aber die werde ich euch doch nicht sagen. Ihr sollt euch nicht manipulieren lassen, auch nicht von mir." Erst später, als wir uns nach meiner Entlassung aus dem Schuldienst trafen, mischte ich meine eigene Meinung in die Gespräche: keine Gewalt, Suche nach praktischen Lösungen, keine Anpassung an die „normative Kraft des Faktischen", immer die Politik des Möglichen suchen, sowohl beim Schutz der Umwelt als auch bei der Entwicklung der technischen oder medizinischen Möglichkeiten. Nicht alles Machbare muss auch gemacht werden. Mit einigen dieser Schüler verband mich noch lange eine fast freundschaftliche Beziehung, bevor ich sie – Uwe in Berlin, Sybille in Paris – aus den Augen verlor. Uwe machte einen durchaus passablen Realschulabschluss und ging anschließend auf ein Wirtschaftsgymnasium, machte sein Abitur. Er wollte auf die Kunsthochschule in Berlin, er bekam einen Studienplatz für Architektur, aber das war nicht sein Fach. Da wurde er wieder mit ganz viel Mathematik gequält, daran war er schon bei der ersten gymnasialen Laufbahn gescheitert. Er lernte Gebäudereinigung und machte sich selbstständig. Die künstlerischen Ambitionen machte er zu einem Hobby: Mit dem Geld, das er mit seiner Firma verdiente, eröffnete er eine Galerie – ich halte das für gelingendes Leben. Sybille lernte Optikerin; ich traf sie in Paris, wo sie inzwischen als Teilhaberin eines alteingesessenen Optikers glücklich war.

Schwarzenbek war und ist ein verträumtes Nest im Süden Schleswig-Holsteins, es gehört zum Kreis Herzogtum Lauenburg, die Bevölkerung ist kleinbürgerlich, es gab zumindest in den Siebzigern wenig Zuwanderung. In meiner zweiten zehnten Klasse hatte ich ein türkischstämmiges Mädchen. Güney war in einem Dorf in der Nähe von Izmir geboren und mit drei Jahren zu ihren Großeltern nach Deutschland geschickt worden, um bessere Bildungs- und Aufstiegschancen zu haben. Sie war enorm fleißig und selbstsicher. „Ich muss mehr als andere deutsche Mädchen leisten, wenn ich hier eine Chance haben will", sagte sie mir in einem akzentfreien, einwandfreien Deutsch. „Und was willst du mit dem Realschulabschluss anfangen?", fragte ich sie. „Ich werde im Büro anfangen, vielleicht als Sekretärin, vielleicht als Bürokauffrau." Gut, das hat sie gemacht und schließlich auf dem zweiten Bildungsweg ihr Abitur nachgeholt und BWL studiert. Sie wurde Abteilungsleiterin bei einer Firma in Lauenburg, heiratete und bekam zwei Kinder. Diese Kinder gehören nun zu der Generation, die beide Staatsbürgerschaften haben möchten. Sie sind in Deutschland geboren, fühlen sich als Deutsche, haben aber eben auch Familienbande in Izmir und reisen jedes Jahr einmal in die Türkei; dort werden sie von ihren Freunden fröhlich empfangen, wandern zwischen den Welten und Kulturen und repräsentieren die geglückte Zuwanderung, die europäische Idee auch über den Bosporus hinaus.

Gelingendes Leben bei gelingender Integration. Was hatte ich als Lehrerin dazu beigetragen? Wenig. Die Grundlagen wurden von den Eltern geschaffen, die dem Kind einen Aufstiegswillen vermittelt hatten, der mit Hilfe der in Deutschland heimisch gewordenen Großeltern gefördert wurde. Eine Lehrkraft kann dabei mit Vorurteilen, mit Vorbehalten oder mit einem möglichst neutralen Pragmatismus viel verhindern oder zum Gelingen beitragen. Ebenso, wie sie bei einem schlecht gemanagten Kind, einem Kind mit einem schwierigen Elternhaus, die Weichen nur bedingt umlegen kann.

Die Berliner Kids ticken anders

Die schönsten Schmankerl erlebt man mit den „Puber-Tieren" – ein Ausdruck, den ich gern von einem Vater dieser speziellen Sorte Mensch übernehme – in der Schule. In der Gruppe, nicht unter der direkten Aufsicht der Eltern, erlauben sich die Schüler*innen Verhaltensweisen, über die die Eltern oft nur staunen können und von denen sie manchmal nichts ahnen. Schule ist nämlich die „Anstalt", in der diese Spezies zu brauchbaren Mitgliedern des Gemeinwesens gemacht werden sollen. Das geschieht mit Hilfe des zu vermittelnden Stoffes – daher machen sich alle paar Jahre große Geister Gedanken, mit welchen Inhalten in der Gesellschaft reüssiert werden kann: Latein, Griechisch, Gedichte analysieren, Integrale ausrechnen … und welche Verhaltensweisen für ein Political Correctness eingeübt werden müssen. Nebenbei sollen die Zöglinge natürlich die allgemein akzeptierten Menschenrechte respektieren, zur freien Meinungsäußerung fähig sein, schlicht den richtigen Weg zwischen Anpassung und Widerstand suchen und finden.

Der Anfang als Lehrerin in einer Kleinstadt im Süden Schleswig-Holsteins, weit ab von der Metropole Hamburg, höchstens gelegentlich mit den kleinen schon beschriebenen Problemen konfrontiert, war einigermaßen erfolgreich gewesen. Nach vier Grundlehrjahren fühlte ich mich 1979 befähigt, in die Großstadt Berlin zu wechseln. Der Wechsel klappte, aber zu meiner Enttäuschung fand ich mich nicht in der von mir ausgewählten Schule eingesetzt. Ich wollte eigentlich gern an eine Gesamtschule mit einem Programm, das meiner Auffassung von Neigungsdifferenzierung entsprach, aber da gab es zu dem Zeitpunkt keine freie Stelle. So begann ich meine nächste Lehrzeit an einer konventionellen Realschule. Die Grundschule geht in Berlin bis Klasse 6 und in der Mittelstufe – also Klasse 7 bis 10 – befanden sich die ersten starken Nachkriegsjahrgänge; an meiner neuen Schule waren das eintausend Pubertierende auf einem Haufen. Was das bedeutet, kann man sich kaum vorstellen. Es waren nicht genügend Stühle vorhanden und einige flogen auch noch aus dem Fenster. Es waren randvolle Schulhöfe, in denen sich die Raucher in irgendeiner Ecke herumdrückten, und die Aufsichten drückten sich darum, in diese Ecken zu schauen. Es mussten Schulräume in anderen Schulen dazugemietet werden, man stellte Containerklassen auf. Die geburtenstarken Jahrgänge waren offenbar unvermittelt über die Politiker hereingebrochen und so war kein Konzept vorhanden, man wurschtelte vor sich hin, betrieb Krisenmanagement. Das ist bis heute so geblieben: Die Realität holt die Politik immer wieder ein. Verwaltungsvorschriften kommen schnell in der Schule an, die dafür notwendigen Ressourcen jedoch lassen auf sich warten. Und wenn endlich Fortbildungen und Mittel für sie da sind, hat sich die Wirklichkeit schon wieder verändert.

Ein Kollege und ich übernahmen zwei siebte Klassen, die in eine Grundschule ausgelagert waren. Wir waren Klassenlehrer und unterrichteten fast alles außer Musik und Sport. Das war ganz gut, denn mit den Jüngeren auf dem Schulhof konnte der manchmal entstehende Ärger schnell geklärt werden. Wir waren ein bisschen wie auf einer Insel. Aber am nächsten Montag kam der Berlin-Schock: Ich musste zwei Klassen in Biologie im Hauptgebäude übernehmen – und da ging es so richtig los. Ich betrat den Fachraum für Biologie, der war mit sechzehn Arbeitsplätzen ausgestattet. Mein Schreck war groß, denn da saßen und standen nicht sechzehn Schülerinnen und Schüler, sondern zweiunddreißig. Ich hatte ein Déjà-vu! Es war wie anfangs in Schwarzenbek. Einige saßen auf den Tischen und spielten mit den Wasserhähnen – ein Wunder, dass der ganze Raum nicht unter Wasser gesetzt war. Sonja, ein etwas untersetztes Mädchen, saß direkt vor mir, ließ ihre Beine mit den hochhackigen Schuhen vor meinem Bauch herumbaumeln und lächelte anzüglich. Vor Schreck entfiel mir ein „Hier sind nicht genug Stühle!". Das klang etwas albern, aber ich war mit der Situation total überfordert. Welcher Stundenplaner hatte nicht gesehen, dass man im Bio-Raum nicht mit der ganzen

Klasse Unterricht machen konnte? Sonja blieb gelassen. „Tja, nu ham Se ´n Problem!", kam es süffisant aus ihrem Mund. Das gesamte Chaos dieses Morgens muss ich wohl kaum beschreiben. Ein paar der Schüler vertrieben sich die Zeit mit Kartenspielen, einige nutzten die Zeit, die Hausaufgaben für die nächsten Stunden oder die aus der vorigen Stunde anzufertigen, einige zeigten sich Pornos, ein paar stritten sich und forderten die Umstehenden auf, Partei zu ergreifen. Sicher kann sich jeder an ähnliche Chaossituationen in einer Klasse erinnern, wenn die Lehrkraft zu spät kam, wenn die Klasse plötzlich den Raum wechseln musste oder ähnliche Verwerfungen vorkamen.

Was sollte ich tun? Gefühlte zwanzig Minuten stand ich vor Sonja und den anderen. Ich hatte in Schwarzenbek einige schwierige Situationen gemeistert. Einmal war ein Schrank vor die Tür geschoben worden und ich hatte ruhig abgewartet, bis es den Kids drinnen zu langweilig wurde und sie nachsehen wollten, wo ich blieb; mehrere Reißzwecken auf meinem Lehrerstuhl waren vergeblich ausgelegt worden, denn ich hatte sie immer rechtzeitige entdeckt und war nie der Versuchung erlegen, mich hinzusetzen, hatte die Spannung nur aufrecht erhalten, indem ich immer wieder so tat, als wollte ich mich setzen; hatte Spickzettel mit Antworten unter den Tischen weggeklaubt, hatte Briefchen abgefangen, hatte „Unterricht im Gelände" gemacht, wenn sich die Meute absolut nicht beruhigen wollte – kurz, ich hatte ein paar Tricks auf der Klaviatur der pädagogischen Möglichkeiten gelernt. Aber mit zweiunddreißig Schülern in einem Fachraum konfrontiert zu sein, überschritt bei weitem meine Fantasie und damit meine Handlungskompetenz. „Na schön", sagte ich schließlich, „dann gehe ich jetzt einmal ins Büro und schaue, ob wir einen anderen Raum bekommen können." Ich war in der Zwickmühle: Einerseits durfte ich die Klasse nicht allein lassen, schon gar nicht in einem Fachraum. (Wer hatte sie überhaupt hereingelassen? Eigentlich sollten sie vor der Tür der Fachräume warten und der Lehrer hatte aufzuschließen!) Andererseits wusste ich nicht, wen ich hätte schicken sollen, die Klassensprecher für das beginnende Schuljahr waren noch nicht gewählt. Und ich kannte niemanden beim Namen außer Sonja, die ich nach ihrem Namen gefragt hatte, weil sie mich mit ihrer Berliner Schnauze sofort provoziert hatte. Also schickte ich sie und eine Freundin, um einen anderen Raum zu finden.

In Berlin wurde ich mit allerlei Charaktertypen konfrontiert, die ich aus der Provinz noch nicht kannte. Eine bemerkenswerte Schülerin war Christiane. Bei allen Gelegenheiten stieß sie ein lautes „Uauh, uauh!" aus. Anlass konnte eine schwierige Aufgabe sein, eine Aufforderung, die Tische für eine andere Aktivität leer zu räumen, die Angabe einer geschichtlichen Quelle oder die Anfrage ihrer Nachbarin bei der Gruppenarbeit. Es war ein Geräusch zwischen Hundejaulen und Kreischen, unangenehm und störend. Einige Mitschüler fühlten sich jedes Mal ermuntert, dann ebenfalls Geräusche von sich zu geben, wenn auch nicht so laut und so unangenehm. Was konnte ich tun? Was musste ich tun? Ich war die Klassenlehrerin, die Fachlehrkräfte baten mich, bei Christiane dieses Verhalten abzustellen. Ja, aber wie? Zuerst kommt immer das Gespräch: „Ist dir bewusst, welche Geräusche du machst?" „Nein, wieso? Was mache ich denn?" Also machte ich sie von nun an darauf aufmerksam, wenn dieses Heulen ihrem Mund entwich. Das nächste Gespräch: „Weißt du, wie störend das ist?" „Es passiert mir einfach, ich mache das nicht mit Absicht." Also wieder Beobachtung und Verabredung eines Zeichens: „Wenn deine Nachbarin dich am Ärmel berührt, meint sie ‚Hör auf!`, sollte ich in der Nähe sein, gebe ich dir ein Zeichen, fasse dich leicht am Arm." Als nächstes ein Treffen mit der Mutter: „Wann hat Christiane mit diesen Geräuschen angefangen?" „Das macht sie schon seit dem Kindergarten. Wenn es nichts anderes ist, brauchen Sie mich gar nicht wieder in die Schule kommen zu lassen." Wochen und Monate vergingen, das Kreischen wurde leiser, weniger und schließlich kam es nur noch sehr selten vor. Beim Schulfest traf ich die Mutter wieder. „Christiane hat sich sehr geändert. Sehr angenehm verändert. Sie macht dieses Heulen kaum noch." Welchen

Schreck bekam ich, als die Mutter den Mund aufmachte, „Uauh, Uauh", von sich gab, wenn auch nicht so laut wie die Tochter, und hinzufügte: „Aber jetzt kreischt sie zu Hause ständig." Das alles war in der achten Klasse. Bis zur Zehnten hatte Christiane ihre unnötigen Äußerungen ganz abgestellt und ging, wenn auch nicht gelassen, so doch mit einem tiefen Atemzug und ohne Schreien an die gestellten Aufgaben heran.

In einer Klasse bekam ich keine Aufmerksamkeit – „kein Bein auf die Erde kriegen", sagt das Sprichwort. Ich forschte, was da los sein könnte. Ich hatte den Stoff gut vorbereitet, in der Parallelklasse hatten die Schüler*innen die Aufgaben angenommen und bewältigt, was also war hier los? Ich gab eine Aufgabe, bei der jeder für sich und leise arbeiten musste. Die meisten fingen gar nicht erst mit ihr an. Ich ging von Tisch zu Tisch und fragte, ob es Schwierigkeiten gäbe. Kopfschütteln und Blicke nach links oder rechts. Etwas Heimliches war in der Atmosphäre. Da es offenbar nicht am Schwierigkeitsgrad der Fragestellung lag, musste es etwas anderes sein. Ich setzte mich ans Lehrerpult und tat, als ob ich in meinen Büchern etwas nachschlagen würde. Dabei schaute ich über den Buchrand in den Raum. Nur wenige schauten stumm auf ihren Arbeitsbogen, alle anderen blickten in eine bestimmte Richtung. Wohin schauten sie? Die Sitzordnung war eine U-Form mit zwei Tischen in Richtung Tafel. Alle Schüler und einige Schülerinnen schauten zu einem Mitschüler am Ende des U-Schenkels am Fenster! Und der? Tat, als würde er die Blicke nicht bemerken, sandte aber Blickbotschaften in alle Richtungen. Hier hatte offenbar jemand eine Führungsrolle übernommen. Nach einiger Zeit war mir klar, was seine Blicke bedeuteten: Niemand fängt mit der Aufgabe an! Die Blicke richteten sich auch bedrohlich in die Richtung der Schüler*innen, die sich nicht um ihn kümmerten, sondern arbeiteten. Aber was sollte das? Wem wollte er mit diesem Verhalten schaden oder nützen? Ich beschloss, das erst einmal weiter zu beobachten und mit den anderen Lehrkräften zu sprechen, die in der Klasse unterrichteten.

Es stellte sich heraus, dass der Schüler sich mit diesem Verhalten zum „Boss" aufspielte, dass Zigaretten bekam, wer ihm folgte, dass mit Schlägen und Sanktionen zu rechnen hatte, wer ihm nicht gehorchte. Diejenigen, die den Mut hatten, sich ihm zu widersetzen, wurden gemobbt. Außer zweien, die sehr gut waren und sich nicht um seine Angriffe kümmerten. Sie hielten sich zwar auch in seiner Nähe auf, aber weder er noch sein „Fanklub" wagten Übergriffe auf diese beiden. Es war leicht zu durchschauen, dass die zwei sehr gute Noten hatten und von einem großen Teil der Ängstlichen geschützt wurden. Da waren viele, die sich die beiden als Freunde gewünscht hätten und den „Anführer" bewogen hatten, sie in Ruhe zu lassen. Wie funktioniert so etwas?

Ergänzend zu meinen gruppendynamischen Kenntnissen aus der Jugendarbeit lernte ich die Strukturen von nicht zufällig, sondern gesetzlich verordneten Zusammenschlüssen. Gesetzlich verordnet? Zunehmend bestimmen die Eltern, in welche Schule sie ihr Kind gehen lassen, zumindest ab der siebten Klasse. Aber das bedeutet für die Schüler*innen doch, dass sie in einer Gemeinschaft „lernen" und „funktionieren" sollen, die sie sich nicht selbst aussuchen können. Ich las eine Menge über Mobben und Gewalt an Schulen. Was ist das Ziel? Wie geht Opferschutz? Brechen der Täter? Konfrontation? Strafe? Wie erreicht man ein soziales Verhalten, das nicht auf Drohung und Unterdrückung der anderen beruht? Wer ist besonders machthungrig? Wie trainiert man Selbstbewusstsein? Wie ist das Verhältnis von Stärke und Schwäche? Wer stark ist, hat es nicht nötig, andere zu unterdrücken. Wer schwach ist, spielt sich auf oder sucht eine Gruppe, in der er/sie Schutz findet. Schließlich stellte ich die Klasse zur Rede, als der Schüler nicht anwesend war. Das war gewagt, aber ich befürchtete, dass Schüler*innen, die ihre Meinung offen aussprachen, hinterher unter Druck gesetzt würden. Ich übernahm die Rolle, den Schüler zu verteidigen. Das half. Viele wagten es, ihre Ängste zu äußern. In der nächsten Stunde konfrontierte ich den kleinen Machtmenschen mit seinem Fehlverhalten und etliche, durch die vorhergehende Aussprache gestärkt, gaben ihm ein negatives Feedback. Seine Macht war gebrochen, sie konnten in Ruhe lernen.

Es gab weitere Provokationen, auch in anderen Klassen. Schüler, die ihre Beine auf dem Tisch ausstreckten und auf die Aufforderung „Nimm die Füße vom Tisch!" mit dem Satz „Die Füße sind in der Luft, nicht auf dem Tisch!" die Provokation weitertrieben. Ich musste in so einem Fall sagen „Dann nimm die Beine runter!" und schon war ich auf die Provokation hereingefallen. Ein Kollege hatte einmal einen Schüler, der aufreizend seinen Kaugummi wälzte und Blasen machte, aufgefordert, ihm diesen in die Hand zu spucken. Das tat der Schüler, neugierig geworden, was der Lehrer damit machen würde. Der machte eine längere Schlange aus der Masse und schmierte sie dem Schüler ins ziemlich lange Haar. Das war eine deutliche Warnung für alle anderen, aber das war nicht mein Weg, mich gegen derlei Frechheiten zur Wehr zu setzen. „Wer auf eine Provokation reagiert, hat schon verloren!", lernten wir in einem Seminar, zu dem sich einige Lehrkräfte zusammentaten. Wir engagierten eine Schauspielerin, die mit uns genau das Verhalten unserer Schüler*innen übte. Wir merkten am eigenen Leib, wie mächtig man sich fühlt, wenn die Respektsperson nicht mehr weiß, wie sie reagieren kann und hilflos zappelt wie Kafkas Insekt. Alle Machtinstrumente physischer Art sind in der Schule verboten. Eine Aufforderung von Eltern, meist Vätern: „Im Zweifelsfall dürfen Sie meinem Sohn gern eine Ohrfeige verpassen", ist nicht ausführbar, seit im Jahr 1973 und 1980 auch in Bayern die körperliche Züchtigung abgeschafft wurde. Und nun? Wie lernen Lehrer*innen, angemessen auf derlei Provokationen zu reagieren? Was heißt „angemessen"? Geht es darum, dass Unterricht stattfinden kann? Das wäre der Gedanke vom Unterrichtenden aus: Ich werde für diesen Job bezahlt, ich habe das Fach studiert, nun will ich mein Wissen weitervermitteln. Aber was, wenn Schüler*innen das so gar nicht mit ihrem Alltag verbinden können? Wenn die sogenannte Motivation nicht über Bilder oder

Impulse hergestellt werden kann, weil in der Klasse ganz andere Mechanismen ablaufen, die eine Aufmerksamkeit auf den Gegenstand des Lehrplans verhindern?

Es geht doch eigentlich viel mehr darum, den Heranwachsenden eine optimale Lernzeit zukommen zu lassen, das heißt, Lehrkräfte sind Organisatoren von Lernprozessen. Und hier sollte ein fruchtbarer Dialog mit allen an der Erziehung des jungen Menschen Beteiligten entstehen: Was ist unbedingt notwendig als Handwerkszeug für das Leben? Wie können Inhalte, die Schüler interessieren, im Unterricht untergebracht werden, auch wenn sie nicht im Lehrplan stehen?

Wie lassen sich die emotionalen, sozialen und kognitiven Bedürfnisse der Jugendlichen mit den Anforderungen der Gesellschaft verbinden? Da spielt die Frage, inwieweit die Schule die jungen Menschen zum Homo oeconomicus, also für den Berufsalltag vorzubereiten hat, ebenso eine Rolle wie deren Bedürfnis nach Entfaltung und Selbstbestimmung. Sicher ist es falsch, dieses Bedürfnis völlig zu ignorieren, auf der anderen Seite darf nicht vergessen werden, dass diese jungen Leute sich einen Platz in eben dieser Gesellschaft erobern wollen und sollen.

Auf jeden Fall hilft es nicht, den Stoff einfach durchzuziehen und Provokationen mit schlechten Noten zu begegnen – selbst wenn das manchmal der naheliegende Ausweg in einer bestimmten Situation ist. Beispiel: Die Schüler*innen saßen desinteressiert herum, niemand hörte beim Vortrag eines Mitschülers zur Mendelschen Regel Nummer 3 zu. Kurz und knapp kündigte ich an: „Am Schluss der Stunde teile ich einen Zettel mit drei Fragen aus, die beantwortet werden müssen." Da holte sich mancher schnell mal eine Sechs, die wieder ausgeglichen werden musste. Machte ich das ein paarmal am Ende der Stunde, hatte ich „gewonnen" und die Kids hörten lieber zu als sich mit anderen Dingen zu befassen. Vor allem konnte ich dann sehr gnädig am Ende des Schuljahres sein und verkünden: „Die schlechteste Note streiche ich." Aufatmen!

Ab wann darf oder sollte der Taschenrechner benutzt werden, sind Handys erlaubt? Ein Junge in der achten Klasse sollte eine ziemlich einfache Aufgabe lösen: Elf Halbe geteilt durch zwei. Er fragte, ob er den Taschenrechner benutzen dürfe, ich traute meinen Ohren nicht. War das ein Einzelfall? Vielleicht. Aber wenn ich die Entwicklung zur Benutzung von elektronischen Hilfsmitteln richtig deute, so werden die jungen Menschen immer abhängiger von solchen. Dieser Herausforderung muss ich mich zum Glück heute nicht mehr stellen, aber es ist meines Erachtens nach deutlich, dass der herkömmliche Kanon verändert werden muss.

Es gibt unzählige kleine Geschichten von Übergriffigkeiten der Schüler*innen gegen eine Lehrkraft. Selten von Einzelnen. Die Gruppe schützt und erfordert eine Hierarchie. Ein paar Situationen sind mir in lebhafter Erinnerung geblieben. Einmal hatte ich spontan in einer siebten Klasse zu vertreten, die ich nicht kannte und die mich nicht kannte. Für den eigentlich anstehenden Geografieunterricht lag mir kein Material vor, ich hatte mir ein Spiel mit allgemeinen erdkundlichen Fragen ausgedacht, wollte vielleicht noch „Stadt, Land, Fluss" spielen lassen. Frohgemut kam ich aus dem Lehrerzimmer und bog um die Ecke zu dem langen Gang, an dessen Ende der Klassenraum lag. Ein Pulk von Schülern drängelte und quoll aus der Tür. Plötzlich schrie einer: „Was will die Fotze denn hier?" Ich war geschockt. Puh! Das war hart! So groß war mein Schrecken, dass ich wie tätlich angegriffen zurücktaumelte, zurück um die Ecke, um die ich gerade gebogen war. Durchatmen. Innerlich bis zehn zählen.

Und dann ging es mir durch den Kopf: „Die kennen mich nicht. Der Spruch ist so rausgerutscht, der meint gar nicht mich persönlich." Und weiter: „Die meinen mich nicht. Können die mich meinen? Hab ich überhaupt etwas gehört?" Ich beschloss, den fatalen Angriff nicht auf mich zu beziehen, ja, ihn gleich ganz zu ignorieren.

Als ich so weit war, packte ich mit dem gleichen Frohmut wie zuvor meine Aufgabe an, bog erneut um die Ecke und ging in die

Klasse. Da saßen sie nun alle. Wie die Lämmchen. Kein Mucks war zu hören. Sie erwarteten ein Donnerwetter, sie erwarteten Schreien und wahrscheinlich – es hatte ja ein bisschen gedauert, bis ich zurückkam – den Rektor oder ein Strafgericht der Extraklasse. Doch nichts dergleichen geschah. Ich sagte mein Spiel an, die Schüler*innen machten mit, es war eine launige Stunde, relativ ruhig, aber gelacht wurde auch. Später kam einer der Jungen zu mir: „Wir haben alles erwartet, aber dass Sie gar nichts machen, das war stark." Na ja, in der Klasse hatte ich jedenfalls keinen Ärger mit der Disziplin mehr.

Bei mündlichen Provokationen sagte ich: „Pass auf, was dir aus dem Mund fällt." Oder Schüler*innen, die sich beleidigt fühlten, riet ich: „Pass auf, was du hörst! Du brauchst nur zu hören, was du hören willst. Lass dich nicht provozieren!" Und oft erinnerte ich an einen arabischen Spruch: „Ich höre, dass du etwas sagst, aber deine Rede ist wie Fliegengesumm in meinen Ohren."

Viele Jungen und Mädchen fühlen sich nur in der Gruppe stark und immer wieder lautete meine Frage: In welchen Situationen wird das Individuum zur Masse? Wenn über die Schwierigkeiten der Pubertierenden geschrieben wird, so sind es zumeist Psychologen, Pädagogen und Mediziner, die die Phänomene der Entwicklung des Individuums oder ganzer Gruppen beschreiben. Selten wird die Frage beleuchtet, warum der junge Mensch in der Masse zum Problem wird, während das Gespräch mit dem oder der Einzelnen nach einem Vorfall einen eher schüchternen Jungen, ein Mädchen voller Scham hervorbringt. Jedenfalls hat man es als Lehrerin meist mit der Gruppe zu tun, manchmal mit einer anonymen Masse.

So zum Beispiel, wenn es im Winter draußen sehr kalt war, die Kids aber trotzdem zur Hofpause ins Freie mussten. Noch bevor es wieder zur Stunde klingelte, formierten sie sich vor der Treppe und drängelten und schubsten, um möglichst bald ins Schulhaus gelassen zu werden. Die an der Tür aufsichtführende Lehrkraft hatte es schwer, sie musste aufpassen, nicht an- oder umgerempelt zu werden. Auch mich traf manchmal dieses Schicksal, obgleich ich mich am Anfang des Schuljahres gern für die Frühaufsichten eintrug, wenn die Lieben einzeln oder in kleinen Pulks müde heranschlichen. Einmal stand ich an der Tür, wieder ein großer Pulk von einem Meter siebzig bis zwei Meter großen Kerlen, die Einlass forderten, vor mir. Da brach es aus mir heraus: „Zurrrrrrrrrrrrrrück!", hörte ich mich brüllen – erschrak, weil ich nicht wusste, dass mir diese gewaltige Stimmlage, dieser Kasernenhofton zur Verfügung stand. Gleichzeitig überfiel mich eine Angst vor mir selbst über dieses paramilitärische Gehabe, obendrein über den Mut, diesen „wilden Kerlen" ein solches „Zurrück!" entgegenzuschleudern. Sie waren viel größer und stärker als ich. Wenn sie sich jetzt zusammentäten, könnten sie mich leicht beiseiteschieben und mühelos die Tür aufstoßen. Aber nein! Sie drängelten nicht mehr, sie stießen sich nicht mehr, sie wichen – ich konnte es nicht glauben – tatsächlich zurück. Nur noch leise murmelnd „Wir wollen aber rein!", standen sie brav in der plötzlichen Stille und zum Glück ertönte da das Klingelzeichen, ich konnte die Tür freigeben und alles war noch einmal gut gegangen. Dass meine Stimme diese Ruhe, dieses Einhalten hervorgebracht hatte, ist mir noch heute unglaublich. Wie schnell wandelt sich ein gefährliches Drängeln in Gehorsam – das macht mich in höchstem Grade misstrauisch. Wenn eine Gruppe zusammenhält, kann sie leicht gegen jede Obrigkeit angehen. Aber wann solidarisiert sich die Gruppe GEGEN oder FÜR etwas? Wie solidarisiert man sich für Frieden? Wie erhält man ihn? Junge Menschen zu befähigen, den richtigen Weg zwischen den Extremen zu finden, niemals in Entweder-Oder zu denken, ist eine Aufgabe, an der viele mitwirken müssen, nicht nur Eltern und Lehrer.

Schauspielerin! Eine Lehrerin ist immer auch ein bisschen Schauspielerin. Gut, wenn sie die Wirkung ihrer Stimme kennt. In der Ausbildung für Lehrer*innen sollte Stimmbildung dazugehören. Schon ein leises Mitgeräusch der Stimmbänder bewirkt einen latenten Luftzug und kann zur Unaufmerksamkeit der Gruppe führen. Als Lehrkraft hat man zum Glück allerlei Werkzeuge, unter denen die Stimme nur eines ist. Wenn ich also nicht darauf achtete, sprach ich mit meiner „Normalstimme" und mir wurde mehr oder weniger zugehört. Wenn es aber auf einen zu vermittelnden Inhalt wirklich ankam, konnte ich die Stimme wie ein Instrument einsetzen, konnte ganz leise werden, die Aussage sehr prononciert mit einer bestimmten Betonung unterlegen und damit eine Klasse eine Zeit lang in meinen Bann ziehen. Manche Lehrkräfte reden dauernd mit leiser Stimme und man hört ihnen zu, andere können viele Facetten anbringen und sie werden trotzdem nicht ernst genommen – das ist ein weites Feld.

Individuum und Masse. In der Gruppe verschwindet der Einzelne. In der Gruppe wirft auch der schüchterne Schüler mit einem Apfel nach der Lehrerin, wenn sie sich umdreht, und grinst voller Stolz über seinen Mut die Kameraden an. In der Gruppe kommen Menschen auf Ideen oder zeigen Verhaltensweisen, die sie allein als unethisch und sogar falsch beschreiben würden. In der Masse schweigt zuweilen das Gewissen des Einzelnen. In der Masse fühlt sich der Ängstliche geschützt und kann die ansonsten versteckten Aggressionen ausleben. Das gilt – leider – auch für Erwachsene. Ein gutes Beispiel ist die Einladung zu einem Buffet: Wie schnell drängeln sich da Menschen, die satt sind, die zuhause über ausreichend Wein und Getränke verfügen, an die gefüllten Tische. Da werden sie zu ausgehungerten Armen, die nach einem Häppchen oder einem Glas Wein gieren. Peinlicherweise erwische ich mich auch manchmal beim Drängeln, bevor mir die innere Stimme zuraunt: „Das hast du nicht nötig!"

Wie schon gesagt, Jugendliche wollen Individuen sein und gleichzeitig zu einer Gruppe gehören. Aufgehoben im Miteinander begehen sie Taten, die sie für sich alleine ablehnen würden.

Was macht die Schule mit den Schülern, seltener den Schülerinnen, die sich so gar nicht den Normen anpassen können oder wollen? In meiner aktiven Zeit kam es durchaus vor, dass ein Schüler wie ein Wanderpokal von Schule zu Schule weitergereicht wurde, wenn das Maß der Abweichungen von den Regeln mal wieder übergelaufen war. Einen solchen Schüler bekam ich auch eines Tages und es dauerte nicht lange, bis er meine ansonsten recht brave zehnte Klasse aufgemischt hatte. Sprüche wie „Deren Witze haben doch einen Bart. Was soll daran komisch sein?" verunsicherten die Jungen und Mädchen, die einen guten Abschluss machen wollten. Er traute sich etwas und das imponierte einigen, andere folgten. Man musste an das Buch „Herr der Fliegen" denken, obwohl die Klasse ja nicht allein in einer Wildnis war. Aber ich hatte, obwohl seit Langem als Oberguru respektiert, erneut um meine Position zu kämpfen. Da kam mir der Zufall zur Hilfe. Nach der Pause sollten wir Unterricht im Fachraum haben, die Schüler*innen hatten also vor der Tür zu warten, bis ich mit dem Schlüssel kam. Ich war pünktlich, schloss auf und alle strömten in den Raum. Bis auf zwei: der neue Schüler und meine Carola. Die lagen auf der Treppe zum oberen Stockwerk und knutschten. Mit reizender Stimme bat ich die beiden, ihre Tätigkeit zu unterbrechen, in den Raum zu kommen und mit mir und den anderen den Unterricht zu beginnen. Aber die beiden ließen sich nicht beirren, küssten und schmusten weiter, schlangen die Beine umeinander und ignorierten auch meinen schärferen Ton. Ich wurde handgreiflich, stupste den Jungen am Arm. Da fuhr der auf: „Was erlauben Sie sich!", brüllte er und stand so unglücklich auf, dass ich an sein Bein stoßen musste. „Oh, hab ich dich getroffen? Das tut mir leid." Er war aufgebracht und schrie jetzt: „Sie haben mich angefasst, mein Vater wird Sie zur Rechenschaft ziehen!" „Weißt du", gab ich zur Antwort, „ich wollte ohnehin mit dir zum Schulleiter. Da gehen wir jetzt gleich zusammen und du kannst dort alles erzählen und deinen Vater anrufen."

Der Klasse gab ich kurz eine Aufgabe und dann marschierten wir los. Wir hatten zwei Stockwerke hinabzusteigen und als wir unten ankamen, war die Wut des Schülers verraucht, der Schulleiter war leider ohnehin nicht anwesend. Den Schüler entließ ich für diese Stunde und setzte meinen Unterricht wie geplant fort. Wie ist das mit dem Jungen ausgegangen? Wir hatten ein oder zwei Gespräche danach und vielleicht wäre aus ihm noch etwas geworden. Aber erstens waren seine Lücken im Stoff der Zehnten so groß, dass an einen Abschluss nicht zu denken war, und zweitens war seine „Macht" über die Mitschüler gebrochen – er verließ kurz nach diesem Auftritt unser Etablissement. Ja, so geht es manchmal. Oft tut es mir dann leid, weil ja auch dieser Schüler durch irgendein Elternhaus geprägt, durch eine desolate Schulkarriere so geworden ist. Retten kann man nicht alle, nur die meisten durch die schwierige Zeit begleiten. Und das ist schon viel!

Das Theaterspiel – oder besser Laienspiel – ist ein Teil der sozialen Arbeit in der Schule. Es macht Spaß, mit den jungen Leuten die Stücke einzustudieren, der Stress ist positiv und am Ende fallen sich alle froh in die Arme. Auch und gerade Schüler*innen, die es in der Gruppe schwer haben, eine Position zu finden – weder wollen sie Mitläufer in der Gruppe mit einem Anführer sein, noch haben sie eine Opferattitüde –, sind froh, wenn es heißt „Wir üben ein Stück ein". Wir haben während meiner Zeit als Lehrerin alles gemacht: vorhandene Laienspiele genommen und die Texte Wort für Wort gelernt, ganz eigene Stücke entwickelt, Texte persifliert, einen Buchinhalt nachgespielt, aneinandergereihte Szenen zu einem Thema einstudiert und so weiter. Wir hatten mit den Drittbis Zehntklässlern, die mir im Laufe der aktiven Zeit anvertraut waren, viel Spaß bei den Proben. Oft musste ich daran erinnern: „Nicht ihr sollt lachen, sondern die Leute sollen über die komischen Situationen lachen!", und dann ging das Gegacker schon wieder los.

In einer Projektwoche hatten sich fünfzehn Schüler*innen zu meinem Angebot „Performance" eingefunden. Wir hatten vier Tage Zeit, eine Szene einzustudieren, die wir am fünften Tag präsentieren mussten. Der erste Tag verging und außer viel Diskussion und ironischem Hin und Her der Wortbeiträge hatten die fünfzehn keine Idee hervorgebracht. Der zweite Tag verlief ähnlich. Als es am dritten Tag lustlos anfing und dann Schuldzuschreibungen laut wurden, ohne dass eine umsetzbare Idee geäußert wurde, verließ ich die Gruppe: „Übermorgen muss eure Performance stehen. Seht zu, wie ihr das hinkriegt. Falls ihr mich braucht, ihr findet mich im Lehrerzimmer." Was würde geschehen? Ich war ziemlich besorgt und fürchtete das Schlimmste. Ich saß da, jederzeit bereit aufzuspringen, Streit zu schlichten, absolute Störer herauszunehmen, notfalls mit einem Vorlesetext die Sache abzuschließen. Meine Neugier trieb mich in die Nähe des Klassenraumes, in dem die Proben stattfanden – wenn sie denn stattfanden. Aus dem Raum klangen die Worte des Pink-Floyd-Songs „Another Brick in the Wall" und dazu lautes Schreien und Lachen. Ich war beunruhigt. Was trieben die da? Musste ich nicht eingreifen? Sowieso durfte ich ja eine Klasse nicht ohne Aufsicht lassen. Aber ich bezwang meine Unruhe. Und was geschah? Am Freitag, pünktlich zur Vorführzeit, hatte die Gruppe auf der Bühne einen Klassenraum vorbereitet, hatte aus Bananenkartons Ziegel gemacht und damit eine Mauer gebaut. Zu den Songtext-Worten:

"We don't need no education
We don't need no thought control
No dark sarcasm in the classroom
Teachers leave them kids alone
Hey! Teachers! Leave them kids alone
All in all it's just another brick in the wall
All in all you're just another brick in the wall"

gelang es den Jugendlichen, eine perfekte Szene hinzulegen, bei der sie einzelne Lehrkräfte der Schule und deren Unterricht persiflierten und nach jeder Szene diesen Text der ersten Strophe sangen.

Ein großer Applaus belohnte sie und ich hatte mal wieder eine Lektion gelernt. Nur: Wann ist die richtige Zeit, damit die Provokation des/der Erwachsenen –„Dann macht es allein!" – von den Jugendlichen in kreatives Handeln umgesetzt wird? Ach, der Umgang mit Pubertierenden bleibt schwierig, egal, wie viele Erfahrungen man bereits gesammelt hat.

„Sind Sie jemals gescheitert?", werde ich oft gefragt. „Aber ja. Mehr als ein Mal wusste ich nicht weiter. Schwierige Eltern, schwierige Kinder – und dann die Suche nach dem Platz im Leben. Nein, nicht immer waren meine Bemühungen fruchtbar."

„Wie haben Sie das durchgehalten – immerhin waren Sie nach Ihrer Zeit als Lehrerin und Schulleiterin noch etliche weitere Jahre in der Jugendarbeit tätig."

„Ja, das war ich. Und da kann ich bis heute sagen: Ich identifiziere mich mit diesen halbgaren Menschlein. Und ich bin überzeugt, ich kann ihnen behilflich sein, gar zu werden."

Ich habe hier nur ein paar Highlights aus meiner schulischen Zeit angeführt. Viele kreative Verhaltensweisen denken die Kids sich aus. Immer wieder erstaunt mich die Verwandlung: Wenn sie mit dreizehn in die Klasse kommen, die Jungen gackernd und kichernd und mit Extremitäten, die nicht mehr zu ihnen passen wollen, die Mädchen plötzlich geschminkt und mit ausgeschnittenen T-Shirts – dann denke ich: „Wie wird dieses Jahr?" Die Pickel sprießen und die Brüste wachsen, die Jungen müssen cool sein, die Mädchen probieren ihre Flirt-Kunst – ja, dann sehe ich sie höchst gefährdet, offen für alle Verführungen, sowohl die Jungen durch die Anführer als auch die Mädchen von den alten Zauseln, die gern „mal einen Backfisch nach Hause" bringen. Weil ich die Ängste meiner Mutter und meine Neugier nie vergessen will, habe ich die Aufgabe des Lotsen durch schwieriges Gewässer immer wieder gern gespielt.

Und dann sind sie siebzehn und feiern einen mittleren Abschluss. Und dann stehen sie da, geschmückt und ordentlich, halten Reden und lassen sich feiern. Dann sind die Grundlagen von

Elternhaus und Schule gelegt – den Rest müssen sie in Zukunft selbst herausfinden, sie sind durch die Tür zum erwachsenen Alter gegangen. Raten kann man ihnen nur noch auf Anfrage, beschützen kann man sie nicht mehr. Man hofft, dass durch alle bisherigen Anstrengungen der Mantel zum Schutz vor den ständig lauernden Verführern warm genug gewirkt ist. Und wie schnell kann alles ins Wanken geraten: Volksverführer gibt es immer wieder und im neuen Jahrtausend auch Volksverführerinnen. Die Gefahr, dass sie den falschen Propheten hinterherlaufen, kann nur durch ein starkes Bewusstsein gebannt werden – ein „Sich-seiner-Selbst-bewusst-Sein".

Problem: Sexueller Missbrauch?

Schwierigkeiten sind manchmal nicht zu sehen oder sie sind zu groß für die einzelne Lehrkraft. Darüber gibt ein Fall Aufschluss, bei dem der Verdacht auf sexuellen Missbrauch vorlag.

„Denken Sie immer daran: Es kann auch sexueller Missbrauch sein!" Die Referentin des Seminars „Die hilflosen Helfer – Was tun bei auffälligem Verhalten?" machte uns, die Zuhörerschaft aus Lehrkräften, Ärzten, Polizisten und Sozialpädagogen, mit einer Reihe von Symptomen bekannt, die auf diesen Hintergrund hindeuten könnten. Beispielsweise kleine Diebstähle, auffälliger Körpergeruch am Montag, Behauptung der Kameradinnen, eine Mitschülerin sei eine Schlampe, auffällige Sprüche in den Toiletten u. ä. Mir fiel sofort Kathrin ein.

Kathrin war mehrfach von Mitschülerinnen verdächtigt worden, ihnen aus den Rucksäcken etwas gestohlen zu haben; einmal war es ein Deo, dann ein Stift, eine Haarbürste oder Haarspray – nichts Großes, kein Geld, aber wir hatten einen der Gegenstände bei ihr gesehen und auf Nachfrage hatte sie den Verdacht nicht entkräften können. Aber weder die Schülerinnen noch wir Lehrer hatten ihr irgendetwas beweisen können. Kathrin kam montags oft ungepflegt, ein bisschen unordentlich und sehr gedrückt in die Schule. Im Laufe der einen Woche änderte sich das jedoch, sie war ordentlich gekleidet und trat selbstbewusster auf. Auffällig war zudem, dass sie freitags oft in der Schule herumtrödelte, auf jeden Fall erst mit dem letzten Bus fuhr, egal, wie früh Schulschluss war.

Nach dem Helfer-Seminar beobachtete ich Kathrin auf den Satz der Psychologin hin, ging die Merkmale durch und stellte Kathrin zur Rede. Nein, sie habe nichts weggenommen, betonte sie, aber nach ein paar Tagen hatte sie einen neuen Kajalstift mit einer Markierung, anhand dessen die Klassenkameradinnen ihr den Diebstahl nachweisen konnten. Ich schickte daraufhin Kathrin zu unserer Beratungslehrerin, Frau Kahns, dort wurde ihr einmal wöchentlich eine Stunde zur Reflexion eingeräumt.

Kathrins Geschichte:

Leer starrte sie das weiße Blatt Papier mit den hässlichen schwarzen Zeichen an. Leer starrte sie durch die steifen Blätter der Sansevieria.

Ihr Blick verlor sich im Winkel zwischen den absterbenden Blättern der Malven des Hausmeisters und dem Eingang zur Schule. Wenn diese Leere dauern könnte! Die Übermächtigkeit des Wunsches, zu fliehen, weg zu sein, nicht zu sein, riss sie zurück in den Raum und ihr Blick kehrte zurück auf das Blatt: „INZEST" stand da in großen Buchstaben.

„Inzest!" - „Schreib auf, was dir dazu einfällt", hatte Frau Kahns gesagt und sie allein gelassen. „Schreib auf, was dir einfällt, es ist für dich. Du brauchst es niemandem zu zeigen. Falls du das Wort nicht kennst, kannst du hier im Lexikon nachschlagen." Kathrin wusste nicht, wie lange sie schon so leer aus dem Fenster gestarrt hatte, dann wieder das Wort angestarrt, das böse zurückzustarren schien. Inzest! Sie hatten darüber im Sexualkundeunterricht gesprochen. Es ging sie nichts an. Vielleicht ginge gleich die Tür auf und jemand befreite sie von dem weißen Blatt mit den angriffsbereiten schwarzen Buchstaben, die vor ihren Augen anfingen zu tanzen, aber das waren sicher nur die Tränen, die sie zurückhielt, man sollte sie nicht weinend finden. Die weiße Fläche könnte sich ausdehnen in ihr, könnte ewig dauern, ewig – ein kleiner Tod.

Die Aufgabe in der letzten Woche fiel ihr ein: „Zeichne oder male deine Familie." Sie hatte zum Kohlestift gegriffen. Der Kopf des Vaters füllte schwarz das Blatt aus. Die Mutter und die Zwillinge hatte sie aus der Schwärze herausgeschabt, sodass die Mutter im Profil zu erkennen war. Nie sah Kathrin die Mutter von vorn, immer wendete sie den Kopf, wenn sie in ihre Richtung sah, ihren Blick auffangen wollte. Vor Jahren vielleicht, als Kathrin noch sehr klein war, hatte die Mutter sich über sie gebeugt, aber das Gesicht war zu einem gequälten Lächeln verzerrt.

„Wo bist du in deiner Familie?", hatte Frau Kahns gefragt. „Ja, wo bin ich?", hatte Kathrin gedacht, „wo bin ich – in meiner Familie und überhaupt?" War sie am Rande? Da war kein Platz. Im Kopf des Vaters? Nein, da konnte sie wohl auch nicht sein. Wenn sie ihre Familie von außen betrachtete, kam sie selbst nicht vor, war außerhalb des Blattes. „Du wirst doch irgendwie dazugehören", hatte Frau Kahns interveniert. Ach, was wusste Frau Kahns schon, wo Kathrin dazugehörte.

„Nein", dachte sie wieder, „in meiner Familie komme ich nicht vor." Und was tat sie hier? Die stille weite Ebene breitete sich erneut leer in ihr aus. Ihre Augen kehrten zurück auf das weiße Blatt, die Buchstaben „I – N – Z – E – S – T" sprangen sie bösartig an. Keine Tür öffnete sich barmherzig, keine tröstende Macht ließ sie sterben oder wenigstens ohnmächtig werden.

„INZEST": Genau wusste Kathrin nicht, was darunter zu verstehen war, wollte es auch gar nicht wissen. In diesem Wort verschmolzen ihre Angst und ihr Ekel zu einem dicken, bedrückenden, dunklen Knoten.

„IN" – drinnen! Drinnen in ihr war das rötlichblau angeschwollene Glied des Vaters, in ihr, immer wieder drinnen. Das Glitschige, Schleimige, Blutige der Wunde war widerlich und füllte sie und stach in die Gedärme und sie wollte erbrechen und endlich, endlich brachen aus Kathrin die Tränen hervor. Das Schluchzen schüttelte sie, Schleim und Tränen quollen aus Augen, Nase und Mund, flossen aufs Papier und lösten die schwarzen Buchstaben auf zu furchtbaren schmierigen Klecksen. Das Wort gab es nun nicht mehr. Aber es gab ihre Angst. Sie zitterte und kämpfte mit dem Würgen.

Kathrin stand auf, wankte. Wo war der Ausgang? Kein Ausgang? Keine Fluchtmöglichkeit? Der Raum war hermetisch geschlossen wie ihr nächtliches Bett, in das immer wieder der Vater kam – die Mutter kannte sie nur im Profil! Kathrin schleppte sich zum Waschbecken, wollte erbrechen, hockte davor und konnte kaum die Kraft aufbringen, das Wasser laufen zu lassen. Ihre Arme hingen kraftlos über den Rand des Beckens, berührten den Strahl, das Wasser lief die Arme hinunter in ihre Kleidung, nur wenige Tropfen brachte sie in ihr schamrotes Gesicht. Das Brennen in ihr hörte nicht auf.

Immer wieder wurde in sie eingedrungen, in die große innere Wunde, musste sie nehmen, was sie nicht wollte. Wieder wollte sie erbrechen, es ging nicht, das Schluchzen wurde trockener und Kathrin hoffte nur, dass Frau Kahns jetzt nicht hereinkäme.

Der Vater tat ihr weh, wenn er in sie hineinstieß. Oft dachte sie, das steife Glied des Vaters stieße wie eine Lanze in sie, würde sie von unten her aufschlitzen. „Jetzt, jetzt!" Kathrin wollte schreien, aber die Angst, alles käme heraus, war noch mächtiger als der Schrei. Verzweifelt warf sie den Kopf hin und her und eine unterdrückte Wut gegen sich selbst griff nach ihr. Warum wurden die Brustspitzen spitz und trocken, sehnten sich nach der Berührung, die sie doch nicht ertrug? Was geschah mit ihr, mit ihrem Körper, wenn sich in die Erschlaffung des Vaters ein anderes Gefühl mischte, ein Gefühl von Macht und Freude sie durchströmten, wenn sich endlich der Samen des Vaters in sie ergoss?

„ZEST" hatte da zudem auf dem Papier gestanden. Das klingt wie „Zecke" – eine Zecke, die sich ins Fleisch bohrt. In ihrem Fleisch hat sich die Angst vor dem Erguss des Vaters mit der Ohnmacht gegen ihren eigenen Körper, gegen sich selbst vermischt. „Ich bin die Schuldige. Ich habe nicht geschrien. Wann hätte ich schreien sollen?" Damals hatte er ihr die große Hand auf den Mund gepresst, hatte sich nicht gekümmert um ihr Wimmern, um die trockene Angst zwischen ihren Schenkeln. Später hatte er sie gestreichelt, auch dort, und zärtliche Worte geflüstert, und in den Ekel vor dem Glied hatten sich Scham und Lust gemischt.

Der Körper des Vaters existierte nicht. Da war sein rotblaues Gesicht mit den trüben, glupschigen Augen, vor denen sie sich gefürchtet hatte, solange sie denken kann. Außer dem Gesicht war da noch dieses widerliche Ding zwischen seinen Beinen. Nur einmal

115

hatte sie es gesehen, da war sie noch sehr klein gewesen und hinzugekommen, als der Vater sich anzog. Sein Glied war rotblau wie das Gesicht gewesen und ragte steil aus seinem Bauch hervor. Damals hatte Kathrin sich angewidert davongeschlichen. Das war ihr Vater: ein Gesicht, ein Glied und seine schweren Schritte. Sie begegneten sich selten, Kathrin ging ihm aus dem Weg. Aber er kam im Dunkeln in ihr Bett, das konnte sie nicht verhindern.

Sie kauerte vorm Waschbecken. Wie lange schon? Warum kam Frau Kahns nicht wieder? Sie sah an sich herunter: Ihr Körper hockte da, der schuldige Körper. Wäre ihr Körper nicht, müsste sie den Vater nicht ertragen, müsste nicht nehmen, was sie nicht wollte, dann hätte sie auch nichts von den anderen genommen. Aber immer hinnehmen, heißt auch, einmal etwas wegnehmen müssen.

„Ich bin schuldig, schuldig, schuldig", dachte Kathrin und sehnte in diesem Moment Frau Kahns fast herbei.

„Jede Frau ist eine Hexe", fiel ihr ein, „die Sexualität der Frau ist das Böse schlechthin." Es lag an der Verführung der Frau, dass der Mann einen Trieb hatte. Ihre Brustwarzen wurden steif. Konnte sie Lust empfinden trotz all der Angst und dem Ekel? Dann war das die Bestätigung: Ihre Sexualität war das Böse an sich. „Ich werde meine Klitoris verstümmeln", dachte sie, „und jedes Mal, wenn der Vater eindringt, vor Schmerz schreien, das ist meine Strafe." Sollte sie Tabletten nehmen? Mutter hatte welche, aber wenn die wieder in die Klinik kam, dann waren keine Tabletten im Haus. Sie konnte nicht selbst zum Arzt gehen, oh nein, das verbot sich von selbst. Die Mutter hatte manchmal mit den Nerven zu tun, Genaues wurde Kathrin nicht erzählt, dann war sie dem Vater noch öfter ausgesetzt.

Die Minuten verstrichen. Sie stand auf, sie musste sich etwas aneignen, wie sie sich den in sie dringenden Vater aneignete; sie musste etwas einstecken, wie sie das Verbotene einstecken musste. Sie nahm den Spiegel vom Regal und ließ ihn in ihre Tasche gleiten.

Ganz ruhig wurde sie jetzt. Ein zufriedenes Gefühl, etwas Richtiges getan zu haben, erfüllte sie. Jetzt konnte Frau Kahns kommen.

Die Tür ging auf. Kathrin saß wieder auf ihrem Stuhl, das weiße Blatt lag schwarz und verschmiert auf dem Tisch. „Kathrin", hob Frau Kahns an, „du hast nichts geschrieben, aber irgendwie wirst du erklären müssen, warum du deinen Mitschülerinnen ihr Haarspray, ihre Bürsten, ihren Taschenrechner und zuletzt den Kajalstift weggenommen hast. Wir haben die Sachen in deiner Tasche gefunden." „Das muss mir jemand hineingetan haben. Ich habe nichts genommen." Ganz sicher kamen die Worte aus ihrem Mund. „Geh jetzt nach Hause. Du wirst nächste Woche wieder hier sitzen. So lange, bis du bereit bist, über deinen Schmerz zu reden." Wütend jetzt zog Kathrin den kurz zuvor an sich genommenen Spiegel aus der Tasche: „Da haben Sie Ihren blöden Spiegel. Immer soll ich etwas annehmen und wenn ich dann selbst etwas nehme, ist es falsch." „Kathrin, bleib!", schrie Frau Kahns, aber Kathrin war schon aus dem Zimmer und aus der Schule gelaufen.

Was ist aus Kathrin geworden? Ich weiß es nicht. Ich habe damals versucht, den Kontakt zu den Eltern herzustellen, sie zu Hause aufgesucht. Die Beratungslehrerin begleitete mich. Die Mutter bat uns in die gute Stube, nötigte uns aufs Sofa und bot uns Kaffee an, der Vater kam von der Arbeit auf dem Feld, verschwand aber sofort wieder, er begrüßte uns nicht. Wir waren vorsichtig. Nachweisen konnten wir den Missbrauch nicht. Kathrin hatte sich nur in Andeutungen geäußert, und das, was wir wussten, reichte nicht für eine Anzeige. Und was hätte die gebracht? So vorsichtig wie möglich erklärten wir der Mutter unseren Verdacht, sie war erschrocken oder tat zumindest so. Aber offenbar hatte unser Besuch doch eine Veränderung bewirkt. Kathrin war damals in der neunten Klasse, sie absolvierte die Zehnte und ein Diebstahl kam in der Klasse nicht mehr vor. Hatten die Übergriffe aufgehört? Ich weiß es nicht. Viele Fragen knüpfen sich an die Tatsache des sexuellen Missbrauchs. „Sexueller Missbrauch ist alles, was ein Mensch einem anderen antut oder wozu er ihn auffordert zu tun, was der eigenen Steigerung oder Befriedigung sexueller Lust dient." Und diese Übergriffe kommen häufiger vor, als wir vermuten.

Während meiner Laufbahn als Lehrerin und Schulleiterin bin ich nicht häufig, aber doch dann und wann mit einem Kind, einem Jugendlichen konfrontiert gewesen, bei dem ich hinter dem auffälligen Verhalten sexuellen und/oder psychischen Missbrauch vermutete. Was tun mit so einem Verdacht? Muss der Täter „überführt" werden, muss er ins Gefängnis? Auf jeden Fall, so die öffentliche Meinung, sei das ein schweres Vergehen. Ich war immer für den Schutz des Opfers. Wie im Fall Kathrin half das Gespräch mit der Mutter, Kathrin wurde wohl danach in Ruhe gelassen. In einem anderen Fall nahm das Jugendamt ein junges Mädchen aus der Familie und fand eine Pflegefamilie. Als das Mädchen nach einem Selbstmordversuch gerettet wurde, kam heraus, dass auch der Pflegevater sich an ihr vergehen wollte und sie nicht mehr aus noch ein gewusst hatte.

Was heißt also Opferschutz? Bei jüngeren Kindern nahm ich immer und sofort die psychologischen Hilfen in Anspruch. Als Kollegin versuchte ich ein vertrauensvolles Verhältnis mit anderen Lehrkräften herzustellen, sodass sie bei einem Verdacht das Gespräch mit mir aufnahmen. Mit älteren Kindern ist eine direkte Kommunikation möglich. Auch deshalb war ich gern die Lehrerin und Begleiterin für Jugendliche zwischen dreizehn und darüber: Ich konnte mit ihnen unmittelbar sprechen. Nach weiteren Seminaren über die „hilflosen Helfer" habe ich mich immer getraut, das Mädchen, den Jungen direkt auf die Möglichkeit des Missbrauchs ihrer kindlichen Liebe anzusprechen und ihnen Mechanismen des Selbstschutzes zu eröffnen, habe ihnen die Adressen gegeben, bei denen sie anonym Hilfe erhalten konnten.

Umgang mit Sucht – zum Beispiel Drogen

Zu besonderen Herausforderungen beim Umgang mit den Puber-Tieren gehören Drogenkonsum oder Essstörungen, Fett- oder Magersucht. Entstehen Süchte im Kopf? Nein, so kann man das wohl nicht sagen. Oft fehlen ja schon viel früher, ehe der junge Mensch einen Mangel mit der Suche nach etwas anderem ausgleichen möchte, gewisse Bedingungen für das glückliche Umschiffen der steilsten Klippen dieser Zeit. Sucht kann die Folge sein, wenn das Kind den Erwartungen der Eltern nicht entspricht, wenn die Eltern selbst irgendeinen gefühlten Mangel über das Kind ausgleichen müssen oder wollen, wenn äußere Ereignisse die Familie in besonderem Maße belasten, wenn die Möglichkeit zum rationalen Umgang mit dem Schicksal nicht gegeben ist. Kleine Kinder kompensieren den gefühlten Mangel durch auffälliges Verhalten oder durch besonderen Fleiß. In der Pubertät reicht das oft nicht aus, dann wird die gefühlte Unzulänglichkeit auf die Peergroup projiziert und ein Ausweg in einem Extrem gesucht. Manche Mädchen und Jungen stopfen sich dann mit Süßigkeiten voll, trinken stark gesüßte Getränke, merken, dass sie mehr und mehr ausgeschlossen werden, wollen das verhindern und rennen weiter auf dem Irrweg voran.

Welche Rolle spielten die Drogen während meiner Tätigkeit? Aufklärung fand im Rahmen des Unterrichts statt. Harte Drogen, weiche Drogen und ihre jeweilige Wirkung; auch Verbote in ihrer unterschiedlichen Ausprägung besprachen wir. Carolin kiffte. Das war mehr oder weniger bekannt. Die Meinungen gingen in alle Richtungen: die belebende Wirkung hervorheben und selbst mitmachen oder Verbot, Verweis, Benachrichtigung der Eltern ... Im Biologie- und Chemieunterricht klärten wir über die Zusammensetzung, die Gefahren und die körperlichen Schädigungen auf. Gesetzlich erlaubt waren Zigaretten, aber bis zur zehnten Klasse nicht in der Schule, doch Verbote halfen nicht; die Reaktion gipfelte in den Fragen „Raucherecke - ja oder nein?" und „Ab welchem Alter darf diese Raucherecke aufgesucht werden?" und „Wer achtet auf die Einhaltung?". Stundenlange Diskussionen, immer wieder! Bis heute! Auf den Festen gab es Alkohol und manch einer kam auch schon vor der Konfirmation mit einem Vollrausch nach Hause. Aber sind Haschisch und Marihuana der Einstieg in härtere Drogen oder sind es weiche, nicht schädlicher als Alkohol? Eines Tages kam Carolin weinend zu mir: „Mein Vater hat mich rausgeschmissen. Ich weiß nicht wohin." Sie erzählte, dass sie bekifft nach Hause gekommen war und mit dem Vater gestritten hatte. Ich fragte sie: „Und was erwartest du jetzt von mir?" „Können Sie nicht mit meinem Vater reden? Es tut mir leid und es soll auch nicht wieder vorkommen. Ich hab`s doch nur ein Mal probiert." „Nur ein Mal probiert? Du kiffst doch schon seit der neunten Klasse", musste ich widersprechen. „Woher wollen Sie das wissen?", brauste sie auf. Nach ein paar weiteren Sätzen gab sie auf und mit einem ganz hohen Kinderstimmchen brachte sie unter Tränen hervor: „Was soll ich denn machen?" Ich brachte das Gespräch in die Klasse. Ich wusste ja, dass die meisten entweder schon einmal einen schweren Rausch gehabt hatten, bzw. mehr oder weniger regelmäßig zu weiteren Drogen griffen. Schließlich waren ein paar Freunde bereit, mit Carolin zu ihren Eltern zu gehen, sie bei ihren Entschuldigungen zu unterstützen und um Einlenken zu bitten. Wenn wir in der Zeitung von Drogentoten lesen, wenn dort Nachrichten über Musiker und Drogen zu lesen sind, dann hat das Nachahmungscharakter. Aber die meisten kommen sehr schnell dahinter, dass Drogen in den Bereich der Freizeit, des Entspannens gehören und nicht in den Alltag. Selbst Christiane F., deren Absturz durch Heroin in Buch und Film beschrieben wurde, hat schließlich den Ausstieg geschafft. Insofern konnte ich Eltern immer wieder beruhigen und ihnen vermitteln, dass sie selbst nur bis zum Alter von etwa dreizehn Jahren einen erzieherischen Einfluss haben, danach helfen vor allem vertrauensbildende Maßnahmen und die Hoffnung, man habe dem „Kind" ausreichend

Kraft zur Bewältigung der Herausforderungen beim Einstieg ins Erwachsenenleben mitgegeben.

Was kann eine Lehrerin sonst noch über ihre Erfahrungen mit Schülern und Schülerinnen und deren Alkohol-, Haschisch- oder Drogenkonsum berichten? Alles. Nichts. Manchmal erfährt man etwas über den Gebrauch, manchmal über den Missbrauch, oft genug bekommt man gar nichts mit und ist auf die eigene Fantasie oder auf Projektionen angewiesen, je nachdem, wie die eigene Drogenkarriere verlaufen ist. Gescheitert bin ich da wohl häufiger, auf jedem Fall aber mit einem Schüler in meiner Zeit als Schulleiterin in Oslo.

Mit Ben lief es nicht gut. Eines Tages kam ein distinguiert aussehender Mann in die Deutsche Schule - Max Tau in Oslo und bat um ein Gespräch. „Ich habe einen Sohn. Er lebte bisher bei meiner geschiedenen Frau, aber sie wird nicht mehr fertig mit ihm und ich habe mich bereit erklärt, dass er bei mir wohnen soll." So begann Herr Johanson das Gespräch und er erzählte mir von der deutschen Frau, die er immer noch liebe, aber ihre Ehe habe nicht mehr funktioniert. Komisch, dachte ich, wie sich die Ehegeschichten doch gleichen und wie jeder denkt, sein Fall sei etwas Besonderes.

Im Laufe des weiteren Gesprächs kam heraus, dass Ben häufiger Haschisch konsumierte und dass sich nun auch der Vater mit der Erziehung des Sechzehnjährigen schwertat. Mit der Sprache gab es kein Problem, da Ben bisher bei seiner deutschsprachigen Mutter gewohnt hatte. Leider konnte ich sie nicht nach dem bisherigen Verlauf und dem Drogenkonsum des Sohnes befragen, denn sie war mit ihrem neuen Partner nach Finnland umgezogen.

Ben, ein nicht sonderlich großer, schlaksiger Junge mit Jeans, die mit ihrem supertiefen Schritt eher einem Rock glichen, und einem schwarzen Kapuzenpulli, einem sogenannten Hoodie, – sein Outfit blieb immer gleich –, kam in unsere achte Klasse, obwohl er vom Alter her in die neunte gehört hätte. Vielleicht wäre er intelligent genug gewesen, den Stoff zu verstehen, aber er hatte im letzten Jahr viel geschwänzt und ich dachte, ein Erfolgserlebnis aufgrund guter Zensuren könnte ihm einen positiven Weltzugang ermöglichen und in der Folge würde er seinen Drogengebrauch auf Freizeit und Entspannung beschränken. Ben versprach vieles: Er wollte pünktlich zum Unterricht erscheinen, er habe eingesehen, dass er falsche Freunde habe, er wollte den Stoff nachholen ... „Sie werden schon sehen", meinte er etwas großspurig, „Sie können mich bald in die neunte Klasse versetzen." ‚Ach', dachte ich, ‚wenn du wüsstest, wie viele junge Leute an diesem Platz schon wie viel versprochen haben. Meist haben sie sich schon beim Aussprechen selbst nicht glauben können'. „Du wirst dein Bestes versuchen", beschwichtigte ich ihn oder mich oder den Vater – wohl wissend, dass der Weg zur Hölle mit guten Vorsätzen gepflastert ist.

Ben brachte mich dazu, meinen eigenen Drogengebrauch zu überdenken. Früher und jetzt. Da gab es die dunklen Kapitel der jugendlichen Exzesse mit Alkohol: Bier, Hochprozentiges, Wein, Sekt und manchmal alles gemischt. Bloß keine Spaßverderberin sein. Vom Komatrinken war damals noch nicht die Rede, aber gegen zwei Uhr morgens gab ich auf mancher Party meinen Mageninhalt wieder her. Wir machten Witze: „Hicks, sprach das Essen, da bin ich wieder. Und schau mal, was ich alles mitgebracht habe." So manches Mal landete ich mehr oder weniger volltrunken in einem fremden Bett. Das war aber kein Alltag. Das waren Wochenenden, Ferien, Silvester, Feiern – Ausnahmesituationen. Unbeschadet kam ich durch diese Zeit. Ich lernte meinen Mann kennen und wurde schwanger. Es verstand sich sozusagen von selbst, nun keinen Alkohol mehr zu trinken. Das blieb auch während der Stillzeit Gesetz, denn „das Baby trinkt mit"!

Meine Kinder wurden älter, gingen ihre eigenen Wege und wieder gab es Ausnahmesituationen für mich. Bei diesen Gelegenheiten wurden dann auch die Hasch-Zigaretten herumgereicht, Marihuana, Shit, Stoff, Gras – irgendjemand hatte immer etwas dabei, das gehörte in den Protestzeiten der APO zu jeder Diskussion. Ich selbst wusste nie, woher die Leute das Zeug hatten, ich wusste nur, dass es illegal war. Mir wurde nie etwas zum Kauf angeboten, vielleicht sah ich zu bieder aus, zu streng, zu bürgerlich, zu gesetzestreu? Ich weiß es nicht. Ich habe mitgeraucht und mitgetrunken. Ich hatte Angst, abhängig zu werden, aber ich bin nicht abhängig geworden. „Hast du die Droge oder hat die Droge dich?" – Wer bestimmt, wann konsumiert wird? Bestimme ich das oder muss ich auf die Suche gehen, wo ich etwas herbekomme?

Zudem galt für mich: Mein Körper ist mein Freund. Ich werde doch meinem Freund nicht etwas zumuten, was ihm schadet. Ja, ich weiß, das klingt naiv und ist es vielleicht auch. Aber mir hat es geholfen, nicht an den Klippen zu zerschellen. Und als Schulleiterin? Als Beamtin? Einmal war ich von einer Feier gekommen und hatte zu viel getrunken. Ich fuhr trotzdem mit dem eigenen Auto nach Hause. Als ich später einen Strafzettel erhielt, war ich erleichtert, dass ich „nur" in eine Tempofalle und nicht in eine Polizeikontrolle geraten war. Es hätte leicht das Ende meiner Tätigkeit bedeuten können. Ich wurde sehr vorsichtig, überschritt dennoch oft genug die Schwelle von 0,5 Promille - so nehme ich zumindest an, denn getestet wurde ich nie. Ich hatte Glück.

So blieb es: ab und an Wein, ab und zu ein Glas Cognac. An andere Rauschmittel kam ich nicht und ich habe mich auch nicht darum bemüht. Ich hielt mich weder für ausschweifend noch für puritanisch, ich hielt mich in der Balance. So hatte ich keine Zweifel, auch für Ben ein Vorbild sein zu können. Mit dem plötzlich eingesprungenen Papa ging es nicht lange gut. Der wollte erziehen, wo – wenn überhaupt – nur klare Grenzen und Vertrauen ein Zusammenleben ermöglicht hätten. Der Anfangsverlauf ist immer der gleiche: Zuerst Gespräche, die Fragen „Wie stellst du es dir vor? Welches sind deine Ziele? Wie kann ich dir bei Erreichung der Ziele helfen?".

Ben war sehr gescheit. Er wusste, was man hören wollte, machte sich aber keine Gedanken darüber, wie er das Zugesagte

realisieren wollte, und er hatte keine Vorstellung von flankierenden Maßnahmen. Wir machten einen „Schule-Vater-Schüler"-
Kontrakt, aber er funktionierte nicht. Der Vater hatte die Aufgabe
übernommen, das Schulzeug mit dem Sohn für den nächsten Tag
gemeinsam zu packen und das angelegte Kommunikationsheft
täglich zu lesen bzw. die Ereignisse zuhause hineinzuschreiben. Als
Ben jedoch unregelmäßig zur Schule kam, übte der Vater nicht die
zugesagte Kontrolle aus - er hatte sich überfordert. Ich hatte zu
der Zeit in meiner Wohnung ein Zimmer zu vermieten. Ich machte
Ben ein Angebot für dieses Zimmer, so wäre er aus dem Clinch mit
dem Vater heraus. Es lag recht isoliert von meinen Räumen, sodass die Übereinkunft geschlossen werden konnte: „Ich kümmere
mich nicht weiter um deinen Tagesablauf. Ich traue dir zu, dich
selbst zu organisieren." Ben hatte somit die Chance, sich selbst zu
bestimmen.

Wenn die Verantwortung für das eigene Leben nicht mehr de-
legiert werden kann, werden Jugendliche manchmal zu jungen Erwachsenen, die diese Verantwortung für sich selbst wahrnehmen.
Aber mit Ben funktionierte das leider nicht. In der ersten Woche
als mein Mitbewohner klopfte er abends bei mir: „Kann ich mit
Ihnen sprechen?" „Na klar, komm rein!" „Ich hab ein paar
Freunde, die wollen mir immer Stoff verkaufen. Ich weiß nicht, wie
ich die loswerden soll", eröffnete er mir. ,Hoppla', dachte ich, ,in
was werde ich da hineingezogen?' „Dann musst du, auch wenn es
petzen bedeutet, zur Polizei gehen." Natürlich wollte Ben das
nicht. Ich sagte ihm, dass ich das tun müsse, wenn er weiter mit
mir darüber redet, und da endete das Gespräch sehr bald. War
das falsch? Ich war Schulleiterin und musste mich schützen. „Du
musst dich von diesen Leuten fernhalten, sonst muss ich Anzeige
erstatten." „Das ist gemein von Ihnen", warf er mir vor und brach
das Gespräch ab. Ich war hin- und hergerissen: Gab es eine Möglichkeit, ihm und mir zu helfen? Ein Telefonat mit dem Vater
brachte keine Lösung. Ich zitierte Ben in der Schule zu einem Ge-

spräch zu mir, da war es offizieller. Ich redete ihm zu, sich von diesen „Verführern" fernzuhalten und auf den Kontakt mit ihnen ganz zu verzichten. Nach diesem Gespräch ging es zwei Wochen gut. Ben nahm pünktlich am Unterricht teil, hatte seine Unterrichtsmaterialien dabei und machte sogar dann und wann Hausaufgaben. Aber er wich mir aus, wollte mich nicht treffen, ein Gespräch führen schon gar nicht.

Nach diesen zwei Wochen lief es so: Ben kam aus der Schule, ging in sein Zimmer, schlief und hörte Musik und vielleicht tat er auch etwas für den Unterricht. Auffällig war: Jeden Abend verließ er das Haus. Mal früher, mal später. Nachts kam er zurück, meist gegen ein Uhr. Zur Schule ging er, aber er kam oft zu spät zum Unterricht, manchmal erschien er gar nicht mehr. „Da ich die ersten Stunden versäumt habe, wollte ich die letzten nicht stören", rechtfertigte er sein Fernbleiben.

Und schließlich ertappte ich mich bei kleinlichen Beobachtungen, die ich nicht machen wollte, die ich aber machen musste, denn es stand auch meine Reputation und vielleicht sogar meine Existenz auf dem Spiel. Ich prüfte also, wann Ben nach Hause kam, ob er in seinem Zimmer war, ob er abends ausging, ob er nach Haschisch roch, ob er pünktlich in der Schule war, widmete ihm also all diese misstrauische Aufmerksamkeit, die ich bei meinen eigenen Kindern nie anwenden musste. Ich fühlte mich mies dabei, wusste aber keine andere Lösung.

Langsam wurde ich ungeduldig – die kleine giftige Verzweiflung und die graue Hilflosigkeit nahmen von mir Besitz. Ich nahm Kontakt zum Jugenddienst auf, fragte nach Hilfen, nach flankierenden Maßnahmen. Ich wusste bereits, dass der norwegische Jugenddienst schnell war mit der Unterbringung in speziellen Heimen, das wollte ich Ben ersparen. Die Mitarbeiter fühlten sich so sehr als Fachleute, als Anwälte der Jugendlichen gegen ihre Eltern, gegen die unfähigen Lehrer, sie waren, wie auch immer, auf Seiten der Jugendlichen. Das konnte ich verstehen und wollte schreien: „Das bin ich doch auch!" Ich durfte nur nicht alles erzählen, konnte der Dame und dem Herrn vom Jugenddienst nicht sagen, dass der Sohn nicht mehr im Elternhaus wohnte, dass wir einvernehmlich schon dieses Experiment mit dem Wohnen bei der Schulleiterin(!) gewagt hatten. Ich wand mich um die Fragen herum und beschloss, es noch einmal mit einem Gespräch zu versuchen.

„Ben", sagte ich eines Abends zu ihm, „es geht so nicht. Du kannst abends nicht mehr ausgehen." „Das ist doch keine geschlossene Anstalt", warf er mir vor, „ich kann schon auf mich aufpassen. Sie haben doch gesagt, ich hab die Verantwortung für mich. Also machen Sie keinen Stress. Ich weiß schon, was ich tue." Meine Hilflosigkeit wuchs. Die Alternative war der Jugenddienst, die würden ihn sicher aufnehmen und entsprechend psychologisch betreuen. Ich war nur nicht sicher, ob dies für ihn die richtige Maßnahme wäre. Eine andere Möglichkeit wollte mir nicht einfallen. Ben war immer wieder unterwegs, immer wieder kam er bekifft nach Hause, hatte wohl obendrein Marihuana oder Haschisch bei sich im Zimmer versteckt.

Dann folgte der entscheidende Eklat. Eines Abends ging Ben gegen zehn aus dem Haus. Ich hörte die Haustür ins Schloss fallen. Kurz blickte ich in sein Zimmer, es war leidlich aufgeräumt, das Fenster zum Lüften einen Spalt geöffnet. Hätte ich vorsichtiger sein müssen oder können? Am Morgen wollte ich in die Schule fahren und – ich zögere, es zuzugeben – warf einen Blick in sein Zimmer. Da lag er mit einem anderen Mann im Bett. Eine gewaltige Scham ergriff mich wie eine riesige Hand und würgte alle Rationalität ab. „Das ist infam!", hörte ich mich schreien. „Verlasst sofort dieses Haus! Und Ben, damit du es weißt: Du bist hiermit rausgeflogen!" Zitternd vor Erregung und Empörung stand ich in der offenen Tür. Ben warf sich ein Hemd über den nackten Oberkörper, der Fremde, ein etwa 20-jähriger, dunkelhäutiger junger Mann, blickte erschrocken zwischen Ben und mir hin und her, erhob sich dann aber mit quälender Langsamkeit, auch er war halb angezogen. „Mein Freund", hob Ben zu einer Erklärung an, aber ich unterbrach ihn sofort: „… hatte heute Nacht keine Bleibe und da

dachtest du ...“ „J-ja“, stammelte Ben und wollte noch mehr erklä-
ren. Dazu kam er nicht. „Du gehst jetzt sofort zu deinem Vater und
beichtest ihm; wir wollen sehen, was er dazu sagt. Ich rufe ihn
heute Nachmittag an.“

Ich eilte zur Schule - das ganze Spektakel war gegen sechs Uhr früh - und um acht war ich zwar aufgeregt, aber pünktlich auf meinem Platz im Büro. Ich rief Herrn Johanson an und erzählte ihm das soeben Erlebte. Wir verabredeten einen Gesprächstermin mit dem norwegischen Jugenddienst. Dort wurde der Vater befragt, ich musste meine Aussagen machen und dann kam es für Ben so, wie er es sicher nicht wollte, wie niemand es wollte: Er kam weit außerhalb von Oslo in ein betreutes Wohnheim. Dort musste er fortan auch zur Schule gehen.

Ich hörte nie wieder von ihm. Ist es ihm gelungen, aus dem Milieu herauszukommen? Ist er tiefer hineingeraten? Ich weiß es nicht. Dieser Ben ist aus meinem Gesichtskreis vollständig entschwunden. Er gehört zu den gescheiterten Bemühungen. Aber auch das ist notwendigerweise ein Teil meiner fünfzigjährigen Pubertätserfahrung: Guter Wille reicht nicht aus, um jungen Menschen zu einem angemessenen Umgang mit den Rauschmitteln zu verhelfen.

Sehr streng waren wir bei einem anderen Vorfall mit Alkohol. Wir, das waren ein Kollege, eine Kollegin und ich mit einer Gruppe von deutschen Schüler*innen und einigen Gästen aus Schottland. Wir hatten für alle Fahrräder organisiert und machten eine Tour inklusive zwei Übernachtungen durch die Nordmarka, dem schönen Waldgelände im Norden Oslos. Auf- und abwärts ging es durch die bergige Landschaft und abends kamen wir in einer der vielen Hütten an. Vor Abfahrt waren allen noch einmal eindrücklich die „no goes“ dargelegt worden, dazu gehörte vor allem: auf keinen Fall Zigaretten und Alkohol oder sonstige Drogen! In den Hütten waren Zigaretten ohnehin verboten und draußen war die Waldbrandgefahr groß, das leuchtete jedem ein. Alkohol? Warum nicht ein bisschen nach einem langen Tag? „Strikt verboten!", gaben wir Betreuer gerne jedem Nachfrager erneut Auskunft.

Wir hatten zwei Mädchen dabei, die erst vor Kurzem nach Oslo und an unsere Schule gekommen waren. Wir hatten lange diskutiert, ob wir sie auf diesen Ausflug überhaupt mitnehmen sollten, denn sie kannten unsere Regeln und deren Konsequenzen noch nicht ausreichend im Alltag, hatten uns dann aber doch für ihre Mitnahme entschieden. So könnten sie vielleicht besser mit allen und allem vertraut werden. Ja, und just die beiden schafften es, sich am Abend in der Küche mit einer kleinen Flasche Rum erwischen zu lassen. Heimlich hatten sie sich nach dem Abendessen aus der Gruppe vor dem Kamin entfernt. Sie blieben etwas länger weg, als ich als „normal" empfand und so musste ich sie suchen. Sie standen am Küchentisch, hatten eine Flasche Cola bei sich und versteckten etwas unter der Spüle. „Wir kommen schon", gaben sie scheinheilig an und wollten an mir vorbei. Ich hatte zu viel gesehen. „Was habt ihr eben unter die Spüle gelegt?", wollte ich wissen. Beide schüttelten den Kopf und meinten: „Nichts. Wieso?" Ich schaute nach und fand das leere Rumfläschchen, hielt es ihnen hin. „Das gehört uns nicht!", brausten die beiden auf. Aber es half nichts. Die ganze Gruppe zur Rede gestellt brach ein und gab zu: „Ja, wir haben gesehen, dass Silvia und Lara die Flasche mitgenommen haben."

Beratung mit den Betreuern, Beratung mit der Gruppe. Es half nichts. Die beiden wurden mit mir nach Hause geschickt. Das war möglich, denn zwei Betreuer blieben bei der Gruppe und ich fuhr mit den beiden zurück nach Oslo. Wir sprachen auf der ganzen Fahrt kein Wort miteinander. In diesem Fall konnte es keine zweite Chance geben. Wie soll man Verantwortung übernehmen, wenn bei so einem kleinen Ausflug von drei Tagen nicht mal die wenigen Regeln eingehalten werden können? Ich war nicht mehr so naiv wie bei meinem ersten Jugendkurs und auch die Jugendlichen hatten sich verändert. So leid es mir auch tun mochte – hier war eine Grenze überschritten worden und die Konsequenz war richtig. Die beiden Mädchen schafften den Einstieg in die Klasse nicht, bald danach verließen sie die Schule und Norwegen wieder. Härtere Drogen? Heroin? Kokain? Ecstasy? Zum Glück ist mir einiges erspart geblieben. Nein, ich hatte keinen Schüler, keine Schülerin, die ich an diese Dämonen verlor. Auch eine Spielsucht hatte ich nicht zu behandeln. Und auch das Spielen im Internet kam erst nach meiner verantwortlichen Zeit auf. Tabak, Alkohol, Drogen – es gibt viele Verführungen, die an die Pubertierenden herangetragen werden und zu denen sie eine entsprechende Haltung entwickeln müssen. Ich darf nicht verschweigen, dass alles, was da zur Sucht führt, nur den Einzelnen betrifft.

Schlimmer noch finde ich die Verführung zu Terrorismus, die Anpassung an Kriegsgeschrei, das Hinterherlaufen hinter Meinungen, ohne sie kritisch zu beleuchten. Fast in jeder Klasse hatte ich einen oder mehrere Schüler*innen, die auf die Ausländer schimpften oder die Flüchtlinge für faul hielten. „Und Murat?", fragte ich dann manchmal. „Ach, Murat. Der gehört doch zu uns, der ist doch kein Ausländer." Solche Widersprüche waren auszuleuchten, gaben Anlass zu Diskussionen. Wenn nicht Murat, weil er in unsere Klasse geht, wer ist dann „Ausländer"?

Es gab – vor allem – Mütter, die abhängig von Tabletten waren. Der Biologieunterricht darf sich nicht auf die oben genannten Drogen beschränken, er muss die in Tablettenform gegossenen Drogen ebenso behandeln.

Zum Beispiel Magersucht

Nicht wenige der Kids nahmen ab ungefähr 1990 regelmäßig Psychopharmaka. Eine beunruhigende Entwicklung. Die seit den sechziger Jahren zunehmende Kosmetikindustrie mit ihrem Körperkult führte bei einigen Mädchen – vor allem bei Mädchen – zu Essstörungen, entweder zu Ess-, Fett- oder Magersucht.

Der in der Hinsicht krasseste Fall in meiner Karriere als Lehrerin war Beate. Eines Tages kam Corinna Alekson zu mir zur Zeit meiner Funktion als Schulleiterin der Deutschen Schule Oslo – Max Tau: „Würden Sie meine Nichte an der Schule aufnehmen? Sie hat in Bremen die achte Klasse beendet, ist eine gute Schülerin, aber es gibt erhebliche Probleme mit den Eltern. Der Vater hält sie für suizidgefährdet." „Wo wird Ihre Nichte wohnen?", wollte ich wissen, ich konnte sie nicht einfach abweisen. Corinna hatte ihre fünfjährige Tochter in unserem Kindergarten und engagierte sich im Elternrat. „Beate, so heißt meine Nichte, wird bei uns wohnen. Wir haben genug Platz und würden sie hier mit Wohnsitz anmelden." „Nun, dann ist das kein Problem. Deutsche Kinder, die in Oslo ihren Wohnsitz haben, können die Deutsche Schule besuchen. Aber ich würde Beate gern kennenlernen und ein Gespräch mit ihr führen, bevor ich endgültig zustimme." Wir verabredeten uns für den kommenden Tag - und da bekam ich einen Schreck: Beate war ganz offensichtlich magersüchtig, das hatte die Tante mir verschwiegen, sie hatte nur von den Problemen mit den Eltern und der Selbstmordgefährdung gesprochen.

Sicher hatte Beate das Erschrecken in meinen Augen gesehen. Sie war außerordentlich sensibel in Bezug auf ihre Wirkung auf andere Personen. „Wann hat das angefangen?", fragte ich ohne lange Umschweife. Zuvor hatte ich Corinna gebeten, mit Beate allein sprechen zu dürfen, und sie hatte mein kleines Büro bereitwillig verlassen. Beate sprach mit leiser, aber fester Stimme: „Ich wollte mit Freundinnen zusammen zu einem Konzert. Sie nahmen mich nicht mit und da wusste ich, dass sie mich zu dick fanden.

Meine Mutter hat ja immer darauf bestanden, dass ich ‚vernünftig' esse. Ich musste meinen Teller leer essen, obwohl ich den Fraß schon lange nicht mehr mochte. Es sollte alles immer gesund sein, aber Fleisch ist doch nicht gesund!" Sie wollte reden. Sie wollte sich rechtfertigen. Sie wollte meine Zustimmung, mich als Komplizin. Sie wusste, dass etwas nicht stimmte, und nahm die kritischen Anmerkungen vorweg, zu oft hatte sie bereits Vorhaltungen gehört, hatte Ermahnungen über sich ergehen lassen. „Wie groß bist du? Und wie viel wiegst du?" Meine Fragen kamen schnell und präzise. Nun hatte ich sie etwas aus dem Konzept gebracht, sie stotterte: „Ähm, ich glaube, ich bin wohl einen Meter und fünfundsechzig oder so. Zuletzt habe ich so etwa, etwa zweiunddreißig Kilo gewogen, glaub ich jedenfalls." „Das stimmt doch nicht. Du gehst bestimmt jeden Tag auf die Waage und du weißt auch genau, wie groß du bist", hakte ich nach. Das mit dem täglichen Wiegen gab sie zu, veränderte ihre Angaben aber nicht und kam auf die Essgewohnheiten der Familie zurück. Der Bruder habe immer Hunger, der Vater verlange Fleisch auf dem Tisch, die Mutter hätte nie richtig kochen gelernt und so weiter und so fort.

Ich blickte auf das vor mir liegende Zeugnis: gute Noten in allen Fächern. Das war verdächtig – ein Mädchen, das gleich gut in Mathe, den Sprachfächern, Sport, Musik und Kunst ist, holt sich die Streicheleinheiten über Beflissenheit. Aber sie war ja erst in der achten Klasse, sollte bei uns die neunte besuchen und da konnten sich die Schwerpunkte noch herausbilden.

„Gut", hörte ich mich alle Erinnerungen an ihr Zuhause in Bremen abwürgen, „du wohnst also bei deiner Tante. Ich gehe davon aus, dass du wenigstens die minimalen 2500 Kilokalorien täglich zu dir nimmst, damit du nicht weiter Gewicht verlierst. Du weißt, welche Folgen das hätte?" Beate machte ein beleidigtes Gesicht. „Ja, ich weiß. Dann schickt meine Tante mich zurück nach Bremen." „Nein", warf ich ihr hin, „dann fällst du ins Koma und musst ins Krankenhaus." Sie zuckte mit den Schultern und mir dämmerte, dass sie noch nicht am Ende ihres Trips war. „Du kennst bestimmt auch Menschen, die an Magersucht gestorben sind? Eines Tages hat sich nämlich die Aufnahmekapazität des Magens so verringert, dass er gar nichts mehr aufnehmen kann. Das führt dann zum Tod." Ich seufzte und entließ sie aus dem Gespräch und nahm sie in der Schule auf. Mir war klar, dass ich mit ihr noch zu tun bekäme.

Ein paar Wochen kam sie mehr oder weniger „normal" zur Schule. Ich beobachtete sie, sah, wie sie mit dünnen Beinchen die Treppen zum zweiten Stock hochstakste, kaum die Füße heben konnte, manchmal mit beiden Händen den Oberschenkel anhob, den Fuß auf die nächste Stufe hievte. Ich bemerkte, wie andere Kinder hinter ihr dreinschauten, sich ekelten, den Kopf schüttelten, tuschelten, dann und wann fragend zu mir blickten. Ein- oder zweimal stellte ich Beate zur Rede. Sie wehrte ab, es sei alles in Ordnung, sie äße ausreichend.

Und dann passiert das Erwartete: Sie fällt während des Unterrichts ins Koma! Der Krankenwagen fährt auf den Hof, einige Kinder sind so erschrocken, dass wir in den Klassen den Schock aufarbeiten müssen. Ich besuche Beate im Krankenhaus, aber mein eigenes Verhalten gefällt mir nicht. Ich höre ihr zu, obwohl ich aggressiv bin, wage aber nicht, ihr ganz offen zu drohen; höre mich Hilfsangebote stammeln, frage nach ihren Kontakten, nach den Eltern, nach der Tante. Beate gibt sich vernünftig, schiebt ihren Zusammenbruch aber auf ein temporäres Ereignis: „Es hatte am Tag vorher Pflaumenmus gegeben, ich bekam Bauchschmerzen und war morgens auf der Toilette. Da hatte ich vielleicht nicht genug getrunken."

Sie sitzt vor mir, abgemagert, die Hose schlackert um ihre Hüftknochen, weit ragen die Schlüsselbeine aus der Haut. Überhaupt ist sie nur Haut und Knochen. „Meine Tante will mich nach Hause schicken, deshalb habe ich in eine Therapie eingewilligt. Ich werde morgen in die psychiatrische Abteilung verlegt." Gut, denke ich, dann kommt alles in Ordnung. Wie naiv ich bin! Wir verabreden, wie sie dem Schulstoff weiter folgen kann. Schülerinnen ihrer

Klasse werden sie besuchen, ihr die Aufgaben mitbringen, Beate ist intelligent, hat eine rasche Auffassungsgabe und ein gutes Gedächtnis – gute Voraussetzungen für erfolgreiches Lernen, vorausgesetzt, sie verschwendet nicht weiter ihre ganze Aufmerksamkeit auf Dünn- oder Dicksein und bekommt mit Hilfe der Therapie ein anderes Körpergefühl. Kult mit dem Körper und um den Körper: Luxusproblem! Welche Frau in den peruanischen Anden, die sich um ihr Überleben und das ihrer Kinder sorgt, hätte Zeit und Geld, sich um ihren Körper zu kümmern? Und dennoch muss ich mir eingestehen: Auch ich fühle mich oft zu dick. Das ist ein irrationales Gefühl, denn mit siebenundsechzig Kilo, verteilt auf einen Meter siebzig, habe ich einen normalen BMI und bei Kleidergröße 42 macht es kein Problem, sich modisch zu kleiden. Aber hatte nicht gerade neulich eine Kollegin bemerkt: „Ich sehe, dass du ziemlich kräftige Oberschenkel bekommen hast." Das war nicht nett gemeint und auch, wenn ich es als ihre Projektion abtun wollte, fraß es an meinem Selbstbewusstsein.

Da konnte ich die Zeit, die andere mit ihrer Selbstoptimierung verbringen, noch so ironisch abtun wollen, konnte mir die Berichte über einen „Club der Hässlichkeit" in Berlin anhören, konnte die Verlogenheit der Werbung mit den Schülern analysieren – es nagte doch ein „Größe Vierzig wäre schöner" an mir. Durch Beate hatte diese Beschäftigung mit dem eigenen Körper und Kleidung eine neue Dimension bekommen. Mich ekelte der Schlankheitswahn, ich fand plötzlich einen kleinen Bauch und schwellende Brüste, auch wenn sie ein bisschen hängen, sehr schön. Mit fielen die Worte eines Freundes ein, der mich einst beim Baden im Meer betrachtet hatte: „Eine barocke Schönheit gefällt mir besser als diese Magermädchen, es muss ja nicht gleich Rubens sein." Ich las über dieses Dünnheitsideal, es soll durch Modeschöpfer geprägt worden sein, die homosexuell sind und denen alle östrogenen Fettansätze zuwider sind. Es sind die Barbiepuppen und das Twiggy-Modell, die unser Körperideal prägen. Aber warum, fragte ich mich, welche Funktion hat dieses Ideal? Es muss daran liegen, dass eine

Frau keine Frau mehr sein soll. Sie soll Karriere machen wie der Mann, soll selbstständig ihren „Mann" im Arbeitsprozess stehen und da sind ein gebärfreudiges Becken und Milch gebende Brüste überflüssig, weil frau keine Nährerin mehr sein soll oder will. Frauen wollen „Models" sein und wo das nicht geht, wenigstens als Künstlerinnen brillieren. Irgendwann um die vierzig merken Frauen oft, dass sie verarscht wurden, schnell wird der Kinderwunsch noch kurz vor der Menopause erfüllt und dann fangen die Rufe nach Hilfen durch den Staat an. Einige dumme Parteien fordern die Krippe für das Kleinkind und halten die verstaatlichte Erziehung der jungen Menschen für originell. Schließlich braucht die Frau das Kind bzw. die Kinder nicht mehr, um sich als Frau zu fühlen, der Mann braucht keine Nachkommen mehr; er bezieht sein Selbstwertgefühl als Mann aus einem Auto oder einem Haus.

Ach, wir leben in einer komischen Gesellschaft. Und wenn die Wirtschaft Kinder nicht mehr braucht, wenn nur noch wenige Individualisten für das rollende Rad sorgen, dann verlangt man ein bedingungsloses Grundeinkommen, denn es muss ja konsumiert werden; ein paar hinterwäldlerische Bauern lassen nicht von ihrer Produktion ab, obwohl der moderne Mensch nur noch an einer Maschine sitzt und sich von Fertigprodukten aus der Retorte ernähren könnte. Wenn nur noch eine bestimmte Anzahl an Menschen für die Entwicklung der Technik notwendig ist, müssen keine Kinder mehr geboren werden, es müssen auch keine mehr gezeugt werden, der moderne Mann geht zur Massage mit sexuellem Erguss – all das führt dann folgerichtig zu den Erscheinungsformen, die entweder das Sich-Entfernen durch Magersucht oder das Hier-bin-Ich der Adipositas zur Folge haben.

In mir wächst Hass auf den Flüstergeist, dieses Wesen aus Medien und Gutmenschen, aus Wohlmeinen und Anpassung, aus Industrie und Kapital. Wir werden zu Kindern der Individualität und des Konsums gemacht, Kinder des „Ich will alles und das sofort", der verwöhnten Wohlstandsgesellschaft, die sich zu Tode amüsieren wird. Nein, noch ist es nicht so weit, noch sind da die Konservativen, die die Familie als Keimzelle eines modernen Staatswesens betrachten, aber was für eine Familie soll das sein? Ist eine Frau mit einem Kind eine Familie? Mit zwei Kindern? Sind da nicht auch Großeltern, Tanten, Onkel, Geschwister des Mannes oder der Frau? Ist es wirklich erstrebenswert, dass ein junger Mensch so früh wie möglich – finanziell noch abhängig - aus dem Haus geht und auf eigenen Füßen spaziert, jeder mit einem Kühlschrank, Fernseher, Rechner und Laptop, mit Waschmaschine und Auto ausgestattet? Im Waschsalon bei mir an der Ecke stehen zwölf Maschinen. Noch vor zehn Jahren saßen dort vor allem abends mindestens acht Menschen, die sich unterhielten oder lasen. Jetzt sitzt manchmal ein junger Mann dort, manchmal auch ein älterer, die meisten Maschinen stehen still.

Anorexia, lese ich, ist zunächst Appetitlosigkeit. Sie kann durch alles Mögliche ausgelöst worden sein, ich kenne sie vor allem bei einer Bronchitis oder einer anderen Infektionskrankheit. Das ist schnell vorbei, wenn es mir wieder besser geht. Da habe ich einen „Bärenhunger" und fülle meine Polster schnell wieder auf. Aber die Anorexia nervosa ist keine gelegentlich auftretende Appetitlosigkeit, sondern ein bewusst aufrechterhaltener Magerkeitswahn, auch wenn beide Formen am Ende durch die Weigerung des Magens, Nahrung aufzunehmen, zum Tod führen können.

Bei Beate hatte ich es auf jeden Fall mit der Magersucht zu tun. Und sie war in einem kritischen Zustand. Sie blieb vier Wochen in der Klinik, hatte dort eine Gesprächstherapie gemacht und ein anderes Essverhalten „gelernt" – ob sie auch eine andere Einstellung zu ihrem Körper entwickelt hatte, würde sich im Alltag zeigen.

Sie wohnte wieder bei der Tante, kam regelmäßig zur Schule, schrieb gute Arbeiten, alles schien gut zu sein. Aber es war nicht gut. Corinna kam zu mir: „Es ist nicht zu ertragen! Wir decken den Tisch zum Essen, sie hilft mit, wir unterhalten uns. Und dann kommt das Essen auf den Tisch und Beate sitzt kraftlos da, mit ihrer Haltung und ihrem Gesichtsausdruck drückt sie einen solchen

Ekel aus, dass es uns anderen nicht mehr schmecken kann. Besonders Julia will Beate dann helfen, tut ihr etwas auf den Teller, bittet sie: ‚Iss doch etwas! Bitte!` Julia weint, wenn Beate dann den Teller von sich schiebt: ʹIch hab in der Küche schon genascht.`“ Corinna machte eine Pause: „Wir halten das alle nicht mehr aus“.

Am Nachmittag saßen wir in der schönen Jugendstilwohnung der Familie, zusammen mit ihrem Mann und einem befreundeten Psychologen.

Wir berieten und suchten nach einer Lösung. Plötzlich erschien Beate im Zimmer, obwohl wir ihr gesagt hatten, dass wir allein miteinander reden wollten. Da fuhr ich aus der Haut: „Es ist in Ordnung, wenn du dich umbringen willst. Aber dann tu es! Warum müssen wir dir dabei zusehen? Was ist dir so wichtig daran, uns, die wir dich lieben, zu zeigen: ʹIhr seid eine Schweine-Gesellschaft? Ihr seid eine Auschwitz-Gesellschaft? Ich verhungere lieber wie ein Biafra-Kind, anstatt mich euren Bedingungen zu unterwerfen? Und ich verlange, dass ihr mir dabei zuseht!`“ Alle waren erschrocken, aber im Schreck war auch Erleichterung über meinen Ausbruch zu spüren. Einige Sekunden herrschte angespannte Sprachlosigkeit. Dann legte der Psychologe nach: „Merkst du, dass du mit deinem Verhalten puren Egoismus zeigst?“ Alle blickten auf Beate; ich hielt das nicht aus, musste es nicht aushalten, stand auf: „Überlegt, was ihr tun wollt. Ich bin raus“, und ging.

Es sollte sich zeigen, dass ich nicht raus war. Am nächsten Tag reiste Beates Vater an. Es sollte eine Pension, ein Internat für sie gefunden werden, denn inzwischen war sie in der zehnten Klasse, ein Wechsel nach Bremen kam nicht infrage und in eine andere norwegische Schule zu diesem Zeitpunkt auch nicht, denn obwohl Beates Norwegisch inzwischen recht passabel war, so war der norwegische Lehrplan nicht mit dem deutschen kompatibel.

Vater und Tochter machten sich auf die Suche nach einer geeigneten Unterkunft. Das zog sich über zwei Wochen hin, Beate besichtigte die eine oder andere Einrichtung, Vater und Tochter fanden keine außer einer, die passen könnte, aber die nahm zurzeit keine neue Schülerin auf. Was tun? Die ganze Zeit war ich mehr oder weniger in den Prozess involviert. Schließlich bot ich an: „Beate kann das Gästezimmer bei mir mieten. Ich möchte das nicht umsonst tun, sie wird quasi meine Untermieterin sein." Überglücklich nahm der Vater das Angebot sofort an, Beate war eher skeptisch, willigte aber ein. „Ich stelle dir einige Bedingungen", wand ich mich an Beate. „Erstens kümmere ich mich überhaupt nicht um dein Essen oder Essverhalten. Es ist mir gleichgültig, ob du isst oder nicht und was du isst und wann. Ich koche für mich, esse allein oder mit Freunden, da spielst du keine Rolle. Du kannst ein Fach im Kühlschrank haben, aber ich gucke nicht hin, ob du dort etwas hineinstellst und was das ist."

Beate nickte zu meinen Worten; ich ahnte nicht, ob sie schon einen Plan hatte, wie und was sie essen wollte, oder ob sie einfach froh war, in Oslo bleiben zu dürfen. „Und", fuhr ich fort, „falls du ins Koma fällst, ist es mit dem Wohnen bei mir vorbei. Wenn du ins Krankenhaus kommst, kannst du danach nicht mehr in das Zimmer zurück. Ein Hin und Her gibt es nicht." Als der Vater meine Worte bekräftigend wiederholen wollte, unterbrach ich ihn: „Beate hat schon verstanden, was ich meine. Sie weiß, dass dies die letzte Möglichkeit ist, hier in Oslo den mittleren Schulabschluss zu machen."

Das Jahr nahm seinen Lauf. Beate kam in die Schule, verbrachte die Nachmittage oft bei der Tante und mit der Nichte, die jetzt in die erste Klasse besuchte. Sie ging mit dem Hund spazieren, blieb aber nie zum Essen bei den Verwandten. Ich wusste nicht, ob und was sie aß. Ich sah in einem Fach in ihrem offen stehenden Schrank viele kleine Zahnpastatuben. Ich wusste nicht, woher sie die hatte, wusste nicht, ob sie sich von Zahnpasta ernährte, ich kümmerte mich nicht um ihren Gesundheitszustand, hatte auch keine Angst. Weder fühlte ich ein Versagen, falls sie das Jahr nicht durchhielte, noch eine Verantwortung, sie in irgendeiner Weise zu hinterfragen oder zur Reflexion zu ermuntern.

Manchmal sahen wir uns abends, wenn sie nach Hause kam. Dann unterhielten wir uns über Literatur oder über etwas, das ihr in Norwegen aufgefallen war, manchmal über die Arbeit der Tante, die sich mit Transgenderfragen beschäftigte. Aber Beate konnte auch einen eigenen Eingang benutzen und mir aus dem Weg gehen, dann wusste ich nicht, wann sie nach Hause kam. Da ich auch ihre Lehrerin in einigen Fächern war, hielt ich mich mit den persönlichen Begegnungen von mir aus zurück.

Beate schaffte das Jahr! Sie machte ihren exzellenten Abschluss nach der zehnten Klasse und konnte das Gymnasium besuchen, sie hatte die Möglichkeit, in Oslo das Internationale Baccalaureate (IB) zu erwerben oder in Bremen weiter zur Schule zu gehen. Ich überreichte ihr das Zeugnis und war sehr erleichtert, aber vor allem freute ich mich. Ich strahlte sie an: „Du hast es geschafft. Du hast das Jahr durchgehalten. Ich bin wirklich froh." Beate blieb ernst und nahm ihre guten Noten fast gleichgültig zur Kenntnis. Dennoch: In die Ernsthaftigkeit mischte sich Stolz. Sie entschied sich für Bremen, meinte, sie könne dort zu Hause wohnen, ihr Selbstbewusstsein gegenüber der Familie sei ausreichend stabil. Die Tante und ihr Mann waren mit Julia zur Zeugnisausgabe gekommen, sie beglückwünschten sie, bedankten sich bei mir für die Hilfe. Auch der Vater war gekommen. Er ist ein etwas spröder Mann, schaffte es aber, seine Tochter zu umarmen. Bei mir bedankte er sich überschwänglich, das war mir fast peinlich.

Dann hörte ich nichts mehr von Beate. Fast nichts, denn ab und an fragte ich Corinna bei gelegentlichen Begegnungen in der Schule nach ihr. Aber die Tante konnte auch fast nichts berichten, außer einem „Ich glaube, es läuft ganz gut" hörte sie nichts von der Familie. Jahre später erfuhr ich, dass Beate in Heidelberg ihr juristisches Staatsexamen bestanden hatte, promoviert wurde und als erfolgreiche Anwältin in Hamburg arbeitet. Ich bin so froh über diese zumindest bis zum Erwachsen-Werden gelungene Rettung.

Soll ich hier noch ein Kapitel über die Selbstverletzungen einführen? Es gibt Mädchen – wie bei den Essstörungen vorwiegend Mädchen – die sich ritzen oder sonstige Verletzungen zuführen. In meiner Zeit als Lehrerin und als Schulleiterin hatte ich mehrfach mit Kindern zu tun, die entweder exzessiv an ihren Nägeln kauten, sich ritzten oder sich selbst schlugen und blaue Flecke zeigten. Wenn Gespräche nicht halfen, wenn entweder die Aggression gegen andere oder sich selbst zu massiv war, wenn sich die Auffälligkeiten häuften und auch Gespräche mit den Eltern keine Lösungen aufzeigten, dann musste die Schulpsychologie eingeschaltet werden. Man muss in solchen Fällen einsehen, dass die Störungen tief sind und dass das Pflaster eines Gespräches die Wunden der frühen Kindheit nicht heilen kann. In solchen Fällen ist das mangelnde Selbstwertgefühl, ist die Unfähigkeit, sich selbst anzunehmen und den Körper pfleglich zu behandeln schon früh angelegt und erst unter dem Druck der Peergroup oder dem Leistungsdruck kommt es zu diesen nach außen oder innen gerichteten Verstümmelungen.

Die Schule kann nicht alles richten, was manchmal in der Familienkonstellation angelegt ist – aber sie kann helfen, derlei Grenzlinien zu erkennen.

Herausforderung Klassenfahrten

Zu den Aufgaben einer Klassenlehrerin gehören auch Klassenfahrten! Auch Klassenfahrten sind Gelegenheiten, bei denen ich jedes Mal in meine eigene Pubertät zurückgeworfen werde. Ein Beispiel aus jener Zeit:

Als ich in der achten Klasse war, machten wir eine Fahrt nach Uslar im Solling. Unsere Lehrer fuhren damals nicht nach Schweden oder Spanien mit uns, Deutschland sollten wir kennenlernen. Ankunft in der Jugendherberge, Verteilung der Räume und Betten. Mit sieben anderen Mädchen landete ich in einem winzigen Raum unter dem Dach. „Ich schlafe oben", das Privileg der Wahl haben die Beliebten, dazu gehörte ich nicht, also belegte ich ein unteres Bett, innerlich traurig, ich hätte auch gern oben geschlafen. Sigrid mit ihrer guten Laune war unser Star und schmiss mit Schwung ihren Rucksack auf ein oberes Bett. „Mein armer Peter! Was ich hier mitmache, glaubt mir nachher kein Mensch mehr. Ich rufe ihn sofort an, der soll mich hier rausholen!" Peter? – der Name eines Jungen? Wir sind eine Mädchenschule! Wir sind dreizehn, höchstens vierzehn Jahre alt! Das rief unsere Lehrerin, Fräulein F., auf den Plan. Die schon recht betagte, aber rüstige Frau stürmte heran wie ein Fußballer zum Tor: „Wer hat hier eben ‚mein armer Peter' gesagt?" Wir standen betreten da, natürlich durften wir mit vierzehn nicht zugeben, dass wir irgendeinen Jungen von der Klassenfahrt aus anrufen wollten, das wäre kompromittierend gewesen. Aber Sigrid blieb gelassen: „Ich hab meine Katze gemeint, das ist ein Kater und der heißt Peter." „So, und die kannst du anrufen?" „Nein, das hab ich nur so gesagt. Wir haben doch hier gar kein Telefon", Sigrid war um eine Antwort nicht verlegen.

Im Zeitalter von Internet und Smartphone wäre Fräulein F. sicher nicht so schnell zu beschwichtigen gewesen, aber wahrscheinlich hätte sich heute auch niemand gewundert, dass eine

Dreizehnjährige ihren Freund benachrichtigt, wenn sie sich nicht wohlfühlt.

Fräulein F. – damals wurden unverheiratete Frauen noch mit dem Diminutiv angesprochen -, unser Fräulein F. also wendete sich brüsk zum Gehen. Viel später erinnerte ich Sigrid an ihren Seufzer. „Ja", sagte sie, „Peter war mein Freund. Und er ist immer noch mein ‚armer Peter', nur dass wir inzwischen vier Kinder haben." Und dann kam die Dorfjugend! Schneller als heute per Smartphone sprach es sich im Ort herum, dass in der Jugendherberge neues „Frischfleisch" eingetroffen sei, und schon lungerten die Pickelgesichtigen in der Umgebung herum. Manche stehen dann lässig wie Cowboys neben ihren Pferden – das kann ein Fahrrad sein oder ein Moped - und der Platzhirsch führt ein Auto vor, oft ist es das seines Vaters. Die Lehrkräfte haben zu tun, damit nicht heimlich Verabredungen getroffen werden. Schlimm, wenn gerade Kirmes oder Schützenfest im Ort ist, dann sind die lieben Kleinen kaum zusammenzuhalten. Das Aufsichtspersonal sorgt für ausgefüllte Tage - gleich morgens geht es entweder auf eine Wanderung oder in den Bus für eine Rundfahrt mit Kultur -, aber das alles kann nicht verhindern, dass zwischen Rückkehr und Abendessen Zeit für eine Kontaktaufnahme bleibt. Dann beginnt die Frage, wie man später den Kontakt vertiefen könnte. Welches Fenster bleibt auf? Wer traut sich überhaupt raus? Wann hören die Rundgänge unserer Wärter auf? „Ist das hier ein Gefängnis?", „Meine Eltern erlauben mir Ausgang bis um zwölf.", „Können wir nicht eine Party mit den Jungen von hier machen?" - Ist das der Ruf der Hormone? Die ewige Sorge der Natur, dass Fortpflanzung nicht nur innerhalb einer bestimmten Gegend, innerhalb einer Familie geschehen möge? Vorbeugung gegen Degeneration?

Jedenfalls habe ich gute Erinnerungen an meine eigenen Jugendausflüge durchs Fenster, da muss ich bei meinen Schützlingen genau aufpassen, wer welche Kontakte zu den Einheimischen knüpft. Und es sind nicht nur die direkt in der Nähe Wohnenden, die die Unschuld der lieben mir Anvertrauten bedrohen. Schnell sind sie auf mysteriöse Weise in die nächste Stadt verschwunden, findig wie Nachbars Lumpi, wenn er den entsprechenden Geruch in die Nase bekommt, sind Jungen wie Mädchen mit ihrer Sehnsucht Richtung Flirt-Markt unterwegs. Dieses Neugierverhalten wird manchmal von Menschen ausgenutzt, die es nicht ehrlich meinen. Wie schnell landet ein junges Mädchen in einer nicht mehr zu beherrschenden Situation, wie schnell sind einem Jungen ein paar K.o.-Tropfen ins Glas geschüttet und er kommt nachts nicht in die Herberge zurück. Zum Glück habe ich es nie selbst erlebt: In Berlin kamen in den siebziger Jahren zwei Mädchen bei einer Klassenfahrt abends nicht in die Herberge zurück, man fand sie später ermordet im Grunewald.

Solche Kenntnisse machen Klassenfahrten mit Pubertierenden zu einer Übung auf dem Hochseil. Und es gibt nicht nur Gewalt- oder Sexualstraftäter. Da ist noch die Gefahr der Sekten, heute auch der radikal islamischen Bewegungen.

Wir waren auf einer Klassenfahrt mit zwei zehnten Klassen in Nürnberg. Der Besuch des Germanischen Nationalmuseums stand auf dem Programm. Die Schüler maulten: „So schönes Wetter." „Müssen wir ins Museum?" „Können wir das nicht an einem anderen Tag machen?" „Bitte, Frau Besser, wir können doch gehen, wenn es regnet." Aber sie hatten keine Chance. „Wir sind angemeldet. Und ihr werdet sehen, es gibt Spannendes zu erleben." Und mein Kollege fügte hinzu: „Nachher habt ihr eine Stunde in der Fußgängerzone zum Einkaufen oder Eisessen, bevor wir den Berg in die Herberge hinaufstiefeln." Nach etlichen kleinen Seufzern fügten sich die sechsundvierzig Jungen und Mädchen in ihr Schicksal und schlurften mehr oder weniger missmutig mit uns ins Museum. Zum Glück hatte das Nationalmuseum eine gute Museumspädagogik und so vergingen die zwei Stunden kurzweilig. In der Sonderausstellung „Schuhe" standen die Kids betroffen vor einer Installation: „Auschwitz!" Gezeigt wird ein Berg Schuhe vor einer Tür, hinter der sich gruselig eine Kabine vermuten lässt, aus der es kein Wiederkommen gegeben hat. Eine Zeitlang sagte niemand ein Wort.

In der nächsten Vitrine betrachteten sie verblüfft hochsohlige Herrenschuhe aus einem vergangenen Jahrhundert, die man wegen des Unrats auf den Straßen trug. Ein Atlasschuh ließ den Rückschluss zu, dass die Dame ins Haus getragen wurde, ihr Fuß den Boden nicht zu berühren brauchte. Nach etlichen „Ahhs" und „Ohhs" wegen dieser oder jener ausgefallenen Schuhart entließen wir die Horde. Zu dritt, zu viert oder mit mehreren – drei müssen es aber immer sein! – und nach der Wiederholung eingehender Belehrungen durften sie sich mit den gewünschten Umwegen auf den Weg zur Herberge machen, wo wir um zwölf Uhr dreißig unser Mittagessen bekommen sollten. Ralf und ich steuerten das nächste Eiscafé an, nutzten die angenehme halbe Stunde ohne die Jugendlichen, genossen ein bisschen Entspannung vor dem nächsten Einsatz. Viele unserer Schäfchen sahen wir hier oder da vor einem Laden, sahen sie vorbeischlendern, manche grüßten herüber.

Und dann kamen zwei Mädchen ganz aufgeregt zu uns gelaufen. Bevor ich fragen konnte, warum sie nur zu zweit waren, sprudelte es aus ihnen heraus: „Frau Besser! Beate, Viola und Kerstin sind mit zwei Leuten mitgegangen. Wir dürfen doch mit niemandem gehen. Sie sind da vorne in ein Haus gegangen. Wir haben ihnen noch gesagt, sie sollen nicht mitgehen, aber die Leute waren ziemlich freundlich und haben uns beruhigt. Sie haben zu uns gesagt, wir sollen auch mitgehen, aber wir wollten nicht. Und was sollen wir jetzt machen?" „Immer langsam!", konnte ich mich endlich zu Wort melden. „Was waren das für Leute und aus welchem Grund sind die drei mitgegangen?" „Sie hatten mehrere Bücher über Persönlichkeit und so", meinte Ilse. „Sie haben uns zu einem Persönlichkeitstest eingeladen. Den wollen sie da im Haus machen." „Wir haben gesagt, dass wir nicht von hier sind, aber sie meinen, auch in unserer Stadt gebe es eine Gruppe, zu der wir nachmittags hingehen können und Tee trinken und quatschen."

Ziemlich schnell war mir klar, dass es sich um eine Sekte handeln musste, die „Kinder Gottes" oder vielleicht „Scientology". Während wir noch überlegten, was zu tun sei, stießen die drei abtrünnigen Mädchen zu uns und berichteten ganz begeistert von einem Persönlichkeitstest, den sie gemacht hatten, und wie dieser Test gezeigt hat, dass man viel mehr aus sich machen kann und dass große Teile unseres Gehirns ungenutzt sind und man mit dem richtigen Glauben an sich selbst diese Teile aktivieren kann. „Sie haben uns eingeladen, heute Nachmittag zu ihrer Gruppe zum Tee zu kommen." „Sie sind ganz nett und so entspannt." „Dürfen wir hingehen, Frau Besser?" Viola und Kerstin waren ganz aufgekratzt, die stille Beate stand etwas abseits. „Bist du nicht so begeistert?", wollte ich von ihr wissen. „Ach", gab sie zur Antwort, „ich weiß nicht recht. Das klingt zwar überzeugend, aber ich hab kein gutes Gefühl. Die sagen, man muss einen Kurs machen, wenn man dabeibleiben will, und außerdem dort wohnen, und man soll die Kurse bezahlen. Das gefällt mir nicht." „Sie haben euch doch bestimmt auch Bücher gezeigt, oder? Von einem L. Ron Hubbard?" „Ja, ich glaube, so hieß der Verfasser. Das Buch heißt jedenfalls ,Dianetik`, das hab ich mir gemerkt." Also handelte es sich wirklich um Scientology. Für ein ausführliches Gespräch war vor dem Mittag die Zeit zu knapp, aber wir verabredeten uns für den Nachmittag, an dem verschiedene Spiele vorgesehen waren, die mein Kollege Ralf organisieren und beaufsichtigen wollte. Da würde ich Zeit haben, mit den Mädchen ausführlich über die Praktiken dieser Vereinigung zu sprechen. Heute, 2017, ist Scientology eine weitverzweigte Organisation, deren Arme in alle Bereiche der Wirtschaft hineinragen. Dieser Vorfall war aber Anlass, das Thema der sogenannten Jugendsekten in allen Klassen ab der achten zu behandeln und bei Elternabenden über diese Sekten zu sprechen. Ich gab im Unterricht viele Informationen und zeigte Filme von „Ausgestiegenen", besonders deutlich konnten die Gefahren in Rollenspielen vermittelt werden und soweit ich weiß, ist niemand von „meinen" Schülern und Schülerinnen in die Fänge solcher

Heilsmittler geraten. Jugendliche sehnen sich nach Zugehörigkeit und nach einer Aufgabe, für die man „brennen" kann – beides bieten ihnen extreme Vereinigungen politischer oder religiöser Art.

Und dann die Wanderungen auf solchen Fahrten! Wenn sie auf dem Plan stehen, werden sie durchgeführt - bei strömendem Regen („Es klart bestimmt noch auf!"), bei brütender Hitze („Nehmt genügend zu trinken mit!"), bei stürmischem Wind: Bei wirklich jedem Wetter werden Schüler*innen kilometerweit und bergauf-bergab getrieben. Immer wieder ertönt der Seufzer: „Was wir hier durchmachen, glaubt uns nachher kein Mensch mehr." Sehe ich mich heute wieder den Weg machen, den wir in der achten Klasse von Uslar bis Bodenfelde zurücklegten, so führt das deutlich die ziemlich verschrobene Perspektive jener Zeit vor Augen: Lächerliche 7,2 Kilometer sind zu bewältigen, aber wir dachten damals, wir würden nie und nirgends ankommen.

Und so geht es immer wieder. Jüngere Schüler haben überhaupt keinen Schimmer von Entfernungen, sie traben einfach dem Leittier hinterher oder suchen bei Orientierungswanderungen voll Eifer den nächsten Kontrollpunkt. Ab etwa dreizehn aber, wenn das eigentliche Interesse dem gilt, was nach Sonnenuntergang passiert, kommt einem jegliche Aktivität am Tage wie der Zwang zum Extremsport vor. Und das gilt nicht nur für Wanderungen. Das gilt gleichermaßen oder noch mehr für Museumsbesuche, gähn! Ein langweiliger Vortrag über die Funktionen der Räume auf der Burg oder im Schloss, eine ebenso langweilige Einführung über die Getreidesorten und ihre Verarbeitung im Mittelalter – egal, welche Geschichte, es lässt die jungen Gemüter gelangweilt das Ende der Vorstellung erwarten. Einrichtungen mit guten museumspädagogischen Programmen findet man im erwähnten Nationalmuseum in Nürnberg und anderswo und außerdem: Diese Langeweile gehört bei den Dreizehnjährigen dazu. Wogegen sollten sie sich sonst abgrenzen und neue Wege suchen? Ganz witzig fand ich die Wiederbegegnung mit einem ehemaligen Schüler, als er selbst mit Jugendlichen unterwegs war: „Also ich fand die Ausstellungen und die Sehenswürdigkeiten in Hamburg immer extrem uninteressant. In diesem Jahr hab ich zum ersten Mal eine eigene Jugendgruppe durch Hamburg führen müssen. Da sind mir so viele Besonderheiten aufgefallen, die ich früher gar nicht wahrgenommen habe. Das Hamburger Rathaus zum Beispiel hat doch eine tolle Halle. Ich möchte meine Stadt so gern zeigen und die ausländischen Gäste dafür begeistern. Jetzt ärgere ich mich, wenn die sich lieber mit ihren Smartphones beschäftigen, sich unter den Kopfhörern verstecken oder nur shoppen wollen." Wir lachen zusammen - er ist jung genug, sich an sein eigenes Desinteresse zu erinnern, ich habe ausreichend Erfahrungen, um zu wissen, dass trotzdem immer etwas hängenbleibt.

Eine Sonderform der Klassenfahrt ist eine Skifreizeit. „Sie sind hier nicht als Reisebegleiterin angestellt", warf mir mein Schulleiter vor, „es gibt doch noch andere Lehrkräfte, die die Skitour begleiten können." Ja, die gab es wohl, aber der Sportkollege wusste, wie ich auch die ängstlichen Schülerinnen am zweiten Tag im Schneepflug den Berg hinunterbrachte, er wusste, dass ich recht locker mit den Sitten und Gebräuchen der Teenager umging und hatte mich gern dabei. Der Schulleiter und ich feilschten ein bisschen um den Vertretungsunterricht, um vorbereitete Arbeitsbögen, um die Stimmung unter den Eltern, wenn ich schon wieder fehle, aber dann gab er seine Zustimmung doch.

Auf einer dieser Fahrten waren wir in einem hübschen bayerischen Berghaus mit einem Umlauf im ersten Stock untergebracht. Ab zehn Uhr abends, wenn alle in ihren Zimmern sein sollten, begann ein reges Hin und Her über die Balkone zu den anderen Zimmern. Da es im Haus relativ ruhig war, kümmerten der Kollege und ich uns wenig darum, gingen um elf Uhr nochmals abschließend durch die Zimmer, prüfend, ob Jungen in den Jungen- und Mädchen in den Mädchenschlafräumen anzutreffen waren, und dann tranken wir gemütlich unser Feierabendbier in der Gaststube im Erdgeschoss.

Am nächsten Tag meldete sich ein Ehepaar: „Sind Sie die Aufsichtspersonen für die Gruppe im Haus?" Als wir das bejahten, fuhren sie fort: „Wir sind beide Lehrer und müssen um sechs Uhr aufstehen, weil wir es weit zur Schule haben und unser Unterricht beginnt schon um halb acht, deshalb bitten wir Sie, Ihren Schülern ins Gewissen zu reden, dass sie nach 23 Uhr nicht mehr über die Balkone laufen möchten. Das macht doch zu viel Krach." „Oh, das tut uns leid", meinte der Kollege. „Wir haben um elf Uhr unsere Kontrolle gemacht und da waren alle ganz lieb in ihren Zimmern." „Vielen Dank für den Hinweis", fuhr ich fort. „Wir werden heute Abend erneut auf die Zimmerruhe hinweisen und die Aufsicht wahrnehmen." Was tun? Wir redeten den Jugendlichen sehr ernsthaft ins Gewissen. Sie möchten doch bedenken, wie es den Leuten gehe und Rücksicht nehmen und so weiter. Ich sah in die Gesichter der jungen Menschen, ich sah darin nichts von „Verantwortungsbewusstsein" oder „Rücksichtnahme", obwohl sie versicherten, alles verstanden zu haben und sich gehorsam benehmen zu wollen. Es war wie diese Fahrradermahnung: „Bitte nicht zu dritt nebeneinander fahren!" Alle bestätigten, die Regel verstanden zu haben und sie respektieren zu wollen. Und dann kündigte die Schulglocke das Ende des Unterrichts an und sie stürmten zu dritt, zu viert und zu fünft auf den Fahrrädern aus dem Tor. So auch hier. Sie versprachen hoch und heilig, ab elf Uhr keinen Lärm mehr zu machen, und schafften es nicht. Zu spannend die Nacht. Am nächsten Morgen die nochmalige Ermahnung und die Bitte der Nachbarn, doch unsere Schäfchen in den Zimmern zu halten, unsere Bestätigung und das Ins-Gewissen-Reden: „Wir haben euch gesagt, warum es notwendig ist, dass ihr auf euren Zimmern bleibt; wir haben euch bis elf erlaubt, aber dann muss Ruhe sein. Ihr könnt euch in euren Zimmern unterhalten, das ist erlaubt, aber bitte: Jede und Jeder ist in seinem eigenen Bett!" Wir ließen uns das von den Kids wiederholen, nahmen uns Zeit, die Begründungen zu nennen, mehrfach, betonten, dass es nicht um uns geht, saßen in der Runde, bestätigten, dass es am nächsten Abend einen Tanzabend bis ein Uhr geben sollte – aber natürlich unten im Gemeinschaftsraum -, und so weiter und so weiter.

Das Abendessen war vorbei, wir hatten gespielt, eine Standuhr schlug zehn Uhr, wir schickten die Jugendlichen mit nochmaliger Ermahnung in ihre Zimmer. Wir lauschten dem Lachen und Kichern während der abendlichen Waschzeremonie und dann waren tatsächlich alle in ihren Zimmern. Wir machten die Kontrolle, der Lehrer bei den Jungen, ich bei den Mädchen, alles schien in schönster Ordnung. Hatten sie vielleicht doch was kapiert?

Gegen elf Uhr gingen wir erneut herum, alles in Ordnung. Nach einer halben Stunde kam uns die Ruhe verdächtig vor. Ich sah in einige Zimmer hinein: niemand darin! Während mein Kollege durch die anderen Zimmer ging, unter wütenden Kommentaren die Jungen aus den Mädchenzimmern scheuchte, stand ich hinter einer der Türen und erwartete die Heimkehrer. Und da fuhr mir unvermittelt die Hand aus und traf einen der Schüler an der Wange. Mein Schreck über meine Reaktion fiel mit seinem Ausruf zusammen: „Frau Besser, das dürfen Sie doch gar nicht!" Recht hatte er, aber meine Antwort kam prompt: „Es ist nach halb zwölf, da darf ich alles!" – Das durfte ich natürlich nicht, aber er war so verblüfft, dass sein „Ich werde es meinem Vater berichten!" sehr kläglich ausfiel. Mein „Tu das ruhig und sag ihm auch, zu welcher Zeit das war!", klang dafür umso bestimmter.

Am nächsten Morgen folgte eine unerwartete Reaktion: Die Jungen und Mädchen hatten sich zusammengetan und brachten einen Blumenstrauß an, den sie mir überreichten. „Wir wollen uns entschuldigen. Wir haben unsere Freiheiten überzogen. Bitte verständigen Sie nicht unsere Eltern." Ich war erleichtert. Das war nicht nur gut, sondern sogar sehr gut ausgegangen. Und so verlief auch dieses Mal der Umstand glimpflich, dass ich meine erzieherischen Kompetenzen sehr weit ausgelegt hatte.

Ein anderes Erlebnis durchlebte ich mit einer Gruppe, mit der ich mich den Erlebnispädagogen anvertraut hatte. „Sie brauchen nichts zu tun. Wir sind für das Programm verantwortlich", hatte es geheißen. Mit einer Gruppe Dreizehnjähriger ging es für einige Tage in den Harz. Das Überqueren einer Schlucht stand auf dem Programm sowie Nachtwanderungen, Spurensuche, allein einen Weg in der Dunkelheit gehen. Ich war gespannt, wie meine Großstadtkinder aus Berlin auf diese Herausforderungen in der Natur reagieren würden.

„Das Essen müssen die Jugendlichen zum großen Teil selbst managen. Wir bringen morgens die Brötchen mit", so lautete die Planung der Pädagogen vor Ort. „Und wie gestaltet sich das Mittagessen?", wollte ich wissen. „Da sind wir meist unterwegs, irgendwo gibt es einen Eintopf, abends Brot und Aufschnitt. Einmal werden unter unserer Anleitung Nudeln mit Tomatensoße gekocht. Das gehört zum Programm." Na, was das wohl werden würde! „Und, ach ja, nächtliche Aufsichten gibt es nicht. Die Kids sollen ihr Schlafbedürfnis selbstständig regeln. Aber um acht wird gefrühstückt. Da gibt es kein Ausschlafen oder Sich-Entschuldigen."

Die Anreise war beschwerlich, von der Bahnstation musste ein längerer Aufstieg zu einer einsam gelegenen Hütte bewältigt werden. Zum Glück gab es einen vom Pferd gezogenen Wagen, der die unhandlichsten Koffer beförderte. Mit Rucksack zu reisen und sich auf das Wesentliche beschränken – das müsste eigentlich vorher geübt werden. Eine der ersten Fragen vor Ort war: „Gibt es eine Waschmaschine?" Aber nein, die gab es natürlich nicht. Wir waren ja auch nur fünf Tage unterwegs, wobei je ein halber An- und Abreisetag eingerechnet war.

Ankunft und In-Beschlag-Nehmen der beiden großen Schlafsäle, hier die Jungen, dort die Mädchen.

Großes Geschrei: „Nein, hier will ich schlafen, geh du dort rüber!" „Ich hab meine Sachen schon aufs Bett gepackt, das ist mein Bett!" Die Mädchen zankten mehr um den Schlafplatz als die Jungen, die einfach nur die Klamotten hinschmissen und sich gar nicht die Mühe machten, die Schlafsäcke oder Bettwäsche auszupacken. Sie waren schon dabei, das Gelände zu erkunden.

Das Mittagessen aus Würstchen und Kartoffelsalat war schnell verzehrt und dann ging's auch schon hinaus für die Kooperationsspiele. Die große Herausforderung gerade für die Individualisten meiner Klasse bestand darin, mit den anderen zusammenzuarbeiten, damit alle zusammen ein Ziel erreichen, so zum Beispiel durch ein Netz zu klettern oder andere Kommunikationsübungen zu absolvieren.

Der Nachmittag verging im Flug, beim Abendessen gab es keine Probleme, die Gruppen zum Austeilen von Wurst und Käse und zum Aufräumen waren eingeteilt, alle waren hungrig und schon bald ging es wieder hinaus zu Hörübungen in der Dämmerung.

Ab zehn Uhr waren wir dann allein, die beiden Leiter der Fahrt sagten gute Nacht und fuhren heim. Alle hatten ihr Bett, aber nicht alle waren darin. Es hieß ja: „Keine offizielle Nachtruhe. Die Kids regeln das untereinander." Ja, wenn das so einfach wäre. Die meisten tobten im abgegrenzten Gelände herum. Sie waren nicht müde. Sie brauchten Schlaf am Tag, wenn Dinge passieren, die ihnen langweilig sind. In der Nacht musste das Dunkle, Geheimnisvolle ausprobiert werden. So lärmten achtundzwanzig Jungen und Mädchen drinnen und draußen, bis ich – ich war die Einzige, die mit ihnen in der Hütte schlief – es schließlich nicht mehr aushielt: „Schluss hier draußen! Ihr geht jetzt alle ins Haus. Die Jungen sind in ihrem Schlafraum, die Mädchen in ihrem. Wer muss noch zur Toilette? Dann jetzt. Nachher schließe ich die Tür." Waschräume und Klos befinden sich in einem Extrahäuschen. Die meisten Mädchen trollten sich, sie waren müde und wollten schlafen. Ein paar andere Mädchen unterhielten sich, kicherten. Anders bei den Jungen. Dort wollten sich einige besonders hervortun, die anderen hielten dagegen, ihnen fiel etwas Kreatives ein; der Wunsch nach Schlaf war nur bei Jan vorhanden, einem Einzelgänger, dem die ganze Reise zu sehr auf Gemeinschaft gegründet war, der sich aber nicht generell ausschließen wollte.

Am schlimmsten – das hatte ich befürchtet – benahm sich Nicki. Er ist ein hübscher blonder Junge, ziemlich fit und durchtrainiert, aber immer zu Streichen aufgelegt, die auch schon mal überzogen sind. So hatte er beim Spielen einmal die Hütte im Schrebergarten seines Großvaters angezündet, hatte seiner Mutter Geld gestohlen, wurde ständig beim unerlaubten Rauchen hinter den Mülltonnen auf dem Schulhof erwischt, hatte Silvester einen Chinaböller in eine Papiertonne geworfen – lauter so pubertäres Zeug, das ihn in den Augen einiger schüchterner Jungen als besonders mutig und bewunderungswürdig auswies. Nicki nun in dieser Nacht! Er hatte das Bett am Fenster erobert und schrie in die Nacht hinaus. Andere taten es ihm gleich und so verging Stunde um Stunde. Die Halbwüchsigen lachten und alberten, juchzten und schrien, stritten sich um den Fensterplatz und wuchsen sich zu richtigen nächtlichen Ruhestörern aus. Das ließ ich mir bis zwei Uhr gefallen, dann griff ich ein: „Bitte respektiert das Bedürfnis der Klassenkameraden nach Ruhe. Seid leiser!" Das war eigentlich schon gegen die Abmachung „die Kids sollen das selber regeln", aber ich musste für die Schwächeren Partei ergreifen. Einen Moment war es leiser, doch dann ging das Spektakel wieder los. Nicki schrie in die Nacht hinaus und Manuel und Markus, unsere beiden M&Ms, die immer zusammenhielten, wollten ihn übertrumpfen. Es wurde drei Uhr und mir war klar, sie würden das nicht allein hinbekommen. „So, nun hat auch der letzte Fuchs im Umkreis von zehn Kilometern mitbekommen, dass hier eine Horde Berliner Jungen ist. Jetzt ist Schluss!" Ich schnappte mir Nicki und beförderte ihn die Treppe hinunter in meinen kleinen Verschlag, setzte ihn auf mein Bett und befahl: „Du schläfst jetzt hier. Ich bleibe bei den Jungen!" Ruhe kehrte ein. Endlich!

Am nächsten Abend durfte, wer wollte, mit den Betreuern draußen schlafen. Acht Mädchen und vierzehn Jungen nahmen ihren Schlafsack und lagerten sich um das Lagerfeuer, das von den Betreuern Per und Klara in Gang gehalten wurde. Nach und nach zogen erst die meisten Mädchen, dann die Jungen sich ins Haus zurück. Nicki war einer der ersten, die aufgaben. Für mich war es klar: Hier konnte er nicht den großen Macker mimen, sondern der Anführer war Per, gegen den kam er nicht an, so hatte er keine Claqueure, Unterordnung ist seine Sache nicht. Zwei Mädchen und vier Jungen hielten durch, sie waren am nächsten Tag ganz beglückt von diesem Erlebnis unter dem offenen Himmel.

Die Tage vergingen mit den angekündigten Aktivitäten: Klettern, Überqueren einer Schlucht, Wanderung mit dem Ranger durch den Naturpark Harz, Spurensuche und Kooperationsspiele. An einem Abend – kein Mond, kein Stern, völlige Dunkelheit bei verhangenem Himmel – sollten die Jugendlichen einzeln eine Strecke von circa einhundert Metern bewältigen. Den Weg waren sie am Tage mehrfach gegangen, er ist nicht weit von der Hütte entfernt, jedoch dringt deren Licht nicht dorthin. Am Ausgangspunkt werden die Augen mit einem Tuch lose verbunden, Hör- und Tastsinn sollen geschärft werden. Von Klara losgeschickt, muss jeder für sich den Parcours ablaufen und kommt bei Per an, wo er mit einer Taschenlampe versehen zur Hütte geschickt wird. Alle schafften die Herausforderung nach mehr oder weniger Zittern. Nur Nicki musste aufgeben. Er versuchte ein paar Schritte in die Dunkelheit, kam zurück, wurde beruhigt, machte einen neuen Anlauf und schaffte es nicht, seine Angst zu überwinden. Kleinlaut und fast weinend bat er darum, diese Übung abbrechen zu dürfen. Klara machte ihm nochmals Mut, redete ihm zu, wies darauf hin, dass alle anderen es bisher geschafft hatten, dass alle wohlbehalten wieder bei Per und dann in der Hütte angekommen waren. Nichts half. Nicki weigerte sich und brachte nicht den Mut für einen neuen Anlauf auf. Es musste ihm so gehen wie mir, wenn ich vom Zehn-Meter-Turm springen soll – ehe ich springe, blamiere ich mich lieber und steige die Stufen wieder hinunter.

Nicki wurde leiser nach diesem Erlebnis. War er geheilt von seiner Sucht, sich hervorzutun? Wer so laut ist, hat einen Grund dafür. Er verliert sich sonst, glaubt, er sei gar nicht da, nimmt sich selbst nur in der Aufmerksamkeit der anderen wahr. Ein schwieriges Schicksal: Wird er kriminell werden? Wird er einen Einstieg in ein angepasstes Leben schaffen? Wenn es irgendwo schiefgeht, wenn ein Amokläufer auftaucht, wenn ein Jugendlicher Selbstmord begeht – immer fragt man: Was hat die Schule getan? Hätte jemand die Tat verhindern können? Ich weiß es nicht.

Ich weiß auch nicht, was aus Nicki geworden ist. Von manchen Karrieren, seien sie gelungen oder gescheitert, hört eine Lehrerin später. Aber die meisten ihrer Schülerinnen und Schüler verschwinden aus ihrem Leben, einfach so.

Eine andere Szene. „Sie können mit der sechsten Klasse in unserer Hütte am Strand ein Wochenende verbringen", bietet die Mutter von Erwin an. Ich frage die Klasse und alle sind begeistert, wir nehmen nämlich einen zusätzlichen schulfreien Tag. Am Freitag früh geht es los, in zwei Stunden erreichen wir mit dem Bus die entsprechende Station; ein kleiner Fußweg bringt uns zu einem gelb gestrichenen Haus, die sechs Jungen und acht Mädchen verteilen sich auf Betten und Lager.

Am Nachmittag werden in einiger Entfernung Unterstände gebaut: Trockene Baumstämme werden herangeschafft, aufgerichtet, weitere Stämme bzw. Stämmchen darübergelegt und mit Gräsern befestigt – keine Werkzeuge von außerhalb, alles muss mit den Materialien des Waldes gelingen! Auf die quergelegten Bäume kommen Unterholz und Grasbüschel sowie trockene Blätter. Der erste Unterstand ist noch etwas windschief, der zweite gelingt besser. Sollte es regnen, hätten wir ein gemütliches Nest. Zeit zum Abendessen, drei der Jugendlichen haben Spaghetti und Tomatensoße gekocht.

Am nächsten Morgen brechen wir zu einer Wanderung zu einem Punkt auf, der sich „das Ende der Welt" nennt. Es ist der äußerste Zipfel einer Halbinsel, durch eine gut zweistündige Wanderung zu erreichen. Dort angekommen spielen wir (ein Ball ist immer dabei), baden die Füße im Wasser, verzehren mitgebrachte Brote, holen ein Eis am nahen Kiosk, genießen den Sommer, die

Freizeit, die Regellosigkeit. Es gibt nur eine Regel: Jeder, der sich mehr als fünf Minuten von der Gruppe entfernen will, muss vorher Bescheid sagen. Niemand meldet sich ab, nach einer guten Stunde rufe ich zum Aufbruch. Kersten und Susanne fehlen. Alle rufen und suchen. Sie sind nicht zu finden. In meinem Bauch dehnt sich Panik. Es vergehen zehn, fünfzehn Minuten, die beiden sind nicht da. Mit den anderen machen wir uns bedrückt auf den Rückweg, der vergeht ziemlich still. Nein, an der Hütte sind sie nicht angekommen. Was kann passiert sein? Wohin können zwei dreizehnjährige Mädchen verschwunden sein? Einige Jungen schauen an der Bushaltestelle nach: Ein Bus fährt erst am späten Nachmittag. Sind sie per Anhalter in die Stadt zurückgefahren? Was ist passiert?

Ein Entschluss: „Falls sie im Laufe des Nachmittags kommen", weise ich an, „spricht niemand ein Wort mit ihnen!" „Wie, wollen Sie nicht wissen, was passiert ist?" „Nein. Wenn sie nicht kommen, muss ich um spätestens um sechs Uhr die Polizei verständigen, aber wenn sie kommen, haben sie sich die Freiheit genommen, sich der einzigen Regel zu widersetzen." „Wie, dürfen wir gar nichts sagen und gar nichts fragen?" Noch einmal setze ich diese „Meldung" fest: „Niemand spricht mit ihnen, niemand fragt sie irgendetwas!" Nach dieser Anweisung und einem sehr schweigsamen Mittagessen dümpeln alle am Wasser, baden, lesen, reden leise miteinander. Und da kommen die beiden Mädchen, wollen am liebsten mit ihren soeben gemachten Erlebnissen herausplatzen, wollen Kommunikation. Aber keines der anderen Mädchen reagiert, die Jungen bleiben bei ihren Wasserspielen und kümmern sich nicht. „Was ist los?", wollen die beiden von mir wissen. Ich zucke still mit den Schultern und ignoriere sie. Die beiden suchen ihre Lager auf und reden leise miteinander. Sie kommen wieder hervor und gehen zu den Mädchen, sprechen sie an, aber die Mädchen zucken wie ich mit den Schultern schütteln die Köpfe und schweigen.

Das halten die beiden nicht aus. Zunächst versuchen sie, sich auf ihre Betten zu legen und abzuwarten, als andere hereinkommen, wollen sie wieder wissen, warum niemand mit ihnen spricht. Sie werden aber weiterhin behandelt, als seien sie Luft. Langsam merke ich, dass die Mädchen Spaß an diesem Machtspiel finden, und weiß, ich muss es irgendwie beenden. In diesem Augenblick packen die beiden Ausreißer ihre Rucksäcke und machen sich auf den Weg. Ich lasse sie bis zur Bushaltestelle laufen, ich weiß ja, dass es so schnell keine Abfahrmöglichkeit gibt. Aber sofort schicke ich zwei Jungen hinterher, die sie zurückholen sollen. Die beiden Mädchen wollen nicht zurück, Tränen laufen ihnen übers Gesicht – ich bin bereits nahe bei ihnen und kann sie fragen: „Habt ihr, als ihr weggegangen seid, gedacht, in welche Sorge ihr mich und uns stürzen würdet?" So kleinlaut habe ich die beiden nie vorher erlebt. Gemeinsam gehen wir nun zurück zum Lagerplatz, ich hole alle vierzehn Jugendlichen zusammen, jede und jeder darf die Situation aus ihrer bzw. seiner Sicht schildern. Sie dürfen auch Kritik an meiner Maßnahme äußern. „Wir finden, das war zu hart. Eine Strafe muss sein, aber das völlige Ausschließen ist schrecklich."

Die Diskussion, was sie als „angemessene" Strafe für das eigenmächtige Entfernen von der Gruppe angesehen hätten, verläuft im Sande und schließlich sagt Betty, unsere Zusammenhalterin: „Ich finde, es war eine vernünftige Strafe, und jetzt wollen wir uns den Rest der Freizeit nicht mehr damit befassen." Jemand macht Musik, wir haben Eis und Waffeln für den Nachmittag und nun dürfen auch die Erlebnisse der beiden allzu selbstständigen Mädchen erzählt und begackert werden: Sie hatten einfach mal ausprobieren wollen, ob sie den Weg nicht allein fänden und hatten sich dann doch verlaufen.

Auf Rädern unterwegs

Touren mit Biggi

Neben den Klassenreisen gab es andere Touren, eigene und fremde, die zu manchen Erlebnissen führten. Jugendzeit ist Reisezeit. Das war 1955 so und ist es bis heute. Inzwischen ist allerdings die halbe Welt ständig unterwegs; in den Fünfzigern war sie das vielleicht auch schon häufiger als zu Wilhelm Meisters Zeiten, aber doch blieb es 1955 nur den Abenteuerlustigen vorbehalten, sich als Halbwüchsige auf die Walz zu begeben.

Meine erste große Reise ging – gegen alle Verbote – per Autostopp durch Frankreich, eines der Ereignisse habe ich ja eingangs schon beschrieben. Im Jahr darauf lernte ich Biggi kennen und mit ihr ging es auf unsere erste, kleinere Fahrradtour.

Pfingsten sind ja immer drei, vier Tage zu überstehen. Warum zu Hause bleiben, wo es noch so viele unentdeckte Pfade gibt? „Wollen wir nicht nach Undeloh fahren?", fragte Biggi und ich griff diesen Vorschlag nur zu gern auf. Die Lüneburger Heide ist im Juni natürlich nicht ganz so „zauberhaft", die Erika breitet erst im August ihren lilafarbenen Teppich aus, sie ist aber als Ziel in den fünf zur Verfügung stehenden Tagen gerade richtig - zwei Tage für die Hinfahrt, einen zum Bleiben und wieder zwei für die Rückfahrt. Wir wälzten die Landkarten und schauten nach Jugendherbergen. Auf dem Hinweg wollten wir zuerst in Büchen – die knapp sechzig Kilometer bis dahin müssten zu schaffen sein – und dann in Lüneburg übernachten. Den Sonntag hätten wir dann in Undeloh für den berühmten Heidespaziergang zum Wilseder Berg. Wir brachen allerdings zu spät auf und eine Panne hielt uns auch noch auf, - in Mölln merkten wir, dass wir es bis Büchen nicht mehr schaffen. Also Halt in Mölln. Spät abends kamen wir an der Jugendherberge in der Möllner Mühle an, nach zehn Uhr, alle Türen geschlossen, die Fenster starrten schwarz zurück, wir standen im Dunkeln und wussten nicht, was tun. Wir klingelten und klopften, Verzweiflung machte sich breit, zurück nach Lübeck war zu weit, eine andere bezahlbare Unterkunft nicht in Sicht. Endlich, Gedanken an ein Übernachten im Freien kamen auf, öffnete sich ein Fenster im obersten Stock. „Was wollt ihr?", keifte eine raue Stimme, die einer Hexe zu gehören schien. „Wir sind spät dran und können nicht mehr nach Büchen, wo wir eigentlich für die Nacht angemeldet sind", gaben wir zurück. Das Fenster wurde geschlossen, Licht ging an, Schritte schlurften heran, schließlich knirschte ein Schlüssel im Schloss und ein Türflügel öffnete sich. Die Frau stand im Licht und begann sofort zu meckern: „Um zehn wird geschlossen. Ich hab noch bis Viertel nach unten gesessen, aber ich muss ja morgen früh wieder raus." Gern hätten wir jetzt längere Zeit mit ihr über Großzügigkeit und verschätzte Zeit diskutiert, aber wir waren zu müde. Wir ließen uns das Zimmer zuweisen, wir waren die einzigen Gäste, und fielen in einen tiefen Schlaf.

Die sechzig Kilometer nach Lüneburg am nächsten Tag kamen uns wie ein Klacks vor und am Pfingstsonntag waren wir schon am Mittag in Undeloh. „Da können wir gleich heute noch den Spaziergang zum Wilseder Berg machen", befanden wir übereinstimmend. Und so liefen wir bald neben Planwagen und Pfingstausflüglern auf diesem allgemeinen Trampelpfad - nichts von stiller Heide, purer touristischer Auftrieb. Aber unterwegs begegneten wir einer lustigen Truppe von männlichen Jugendlichen, die sich mit dem einen oder anderen Bier schön in Stimmung gebracht hatten und bereitwillig launige Sprüche mit uns tauschten. „Wo hat man euch denn losgelassen?" „Und wo habt ihr eure Schafe gelassen?" Unter Neckereien ging es weiter, spätnachmittags kehrten wir zurück in die Jugendherberge und am Abend fanden wir uns am Lagerfeuer ein. Schnell setzte ich ein dunkelhaariger Junge zu mir, ein blonder zu Biggi. Sie hatten sich sozusagen gegen ihre Kameraden durchgesetzt und legten schon mal besitzergreifend die Hände auf unsere Schenkel. Wir tanzten, sangen und sprangen über das heruntergebrannte Feuer – Romantik pur, Liebelei, Ausprobieren, was geht. Da wir vier auch ein bisschen verliebt waren, verbrachten wir den nächsten Tag miteinander, erkundeten die Gegend, spielten Federball, lachten, erzählten. „Was machst du?" und „Wie stellst du dir dein Leben vor?" – wir redeten von Träumen, von der weiten Welt, von dem endlosen Leben, das vor uns lag.

Eigentlich hätten Biggi und ich uns am Montag auf den Rückweg machen müssen, aber es war so lustig mit Günter und Rolf, da verändelten wir weiter die Zeit in Undeloh. Oh, diese wunderbare losgelöste Zeit der jungen Liebe.

Und am Dienstag schafften wir die hundertsechzig Kilometer von Undeloh nach Lübeck an einem Tag! Wir mussten wieder arbeiten. Aber was machte das schon ... Das Glück wurde ausgekostet bis auf den tiefsten Grund. Na ja, nicht ganz. Wir vergaßen ja nicht den Alltag, die Flucht ins Unendliche gelang nur partiell.

Später – viel später – wiederholten sich diese Erfahrungen während der Radtouren mit einigen Jugendlichen aus Geesthacht nach Worpswede, nach Lüneburg, nach Plön. Und immer wieder dieselbe junge, schöne Offenheit: Mitten im Leben!

Im nächsten Jahr führte unsere Radtour Biggi und mich an Rhein und Mosel. Um von Lübeck aus per Fahrrad an den Rhein zu kommen, musste man entweder eine gute Woche durch die norddeutsche Tiefebene und die Kasseler Berge radeln oder man wählte unsere Variante: Wir schickten die Räder per Bahn nach Frankfurt am Main und trampten ihnen hinterher. Ein Pkw brachte uns nach Hamburg und schon begann das Abenteuer. Ein Lastwagen mit zwei gestandenen Lkw-Fahrern fuhr nach Hannover und war bereit, uns mitzunehmen. In Hannover gingen wir zu viert mit ihnen auf den Jahrmarkt am Maschsee, sie luden uns zu Essen und Trinken ein, das ist uns recht, das schonte unser schmales Budget. Wir wirbelten mit dem Autoscooter herum, hielten uns an den Ketten des gleichnamigen Karussells, juchzten im Spiegelkabinett - kurz: Wir nahmen alle Kurzweil mit, die so ein Markt zu bieten hat. Wir durften noch in der Koje des Lasters schlafen –

unbehelligt ließen sie uns halbgare Gören sogar! Als wir uns fröhlich in Frankfurt verabschiedeten, gelobten wir, Briefe zu schreiben und Kontakt zu halten, jedoch war die Begegnung zu flüchtig und wir hörten nie wieder etwas von den Brummi-Fahrern.

Am Bahnhof lösten wir die Räder aus und suchten die Jugendherberge am Deutschherrnufer auf, da befindet sie sich 2015 noch immer fast genau so, wie ich sie in Erinnerung habe. Wir lernten zwei Hamburger Jungs kennen und schnell stellten wir eine norddeutsche Solidarität her. Die Stadt am Main durchschritten wir gemeinsam, der Abend fand uns beim Erzählen, Flirten, Witze erzählen und beim Diskutieren der Ereignisse in „diesem, unserem Land". Am nächsten Tag radelten wir zu viert nach Wiesbaden. Von dort aus nahmen die beiden Jungs eine andere Route und wir verabschiedeten uns, nein, nicht mit Tränen, aber doch mit leichter Wehmut. „So schöne Beine bekommen wir bestimmt nicht noch einmal zu sehen", meint Biggi, ich füge hinzu: „So einen reizenden Blondkopf bestimmt auch nicht." Stimmt! Wir waren ein bisschen verliebt in die beiden und riefen ihnen ein „Haut doch ab, ihr Blöden!" hinterher, was sie lachend mit „So tolle Weiber wie ihr finden schnell Ersatz!" beantworteten, ehe sie in die Pedale traten und verschwanden. Schade!

Den Rhein hinunter durch die Drosselgasse – allerdings ohne uns zu betrinken – am Loreley-Felsen vorbei und bis Koblenz fuhren wir recht einsilbig hintereinander her, hingen unseren Gedanken nach, was wäre wenn, aber es ist nicht, und wer weiß, wer oder was uns hinter der nächsten Kurve erwartete.

Von Koblenz aus erkundeten wir die Mosel. Um die Burg Eltz zu besichtigen, ließen wir die Räder links der Mosel stehen und wanderten über die Brücke zur Burg hinauf. Es ist die erste mittelalterliche Burg, die wir sehen, sie ist relativ gut erhalten, beeindruckend. *Burgfräuleins sind wir sofort, spielen uns in die Rollen der Schönen hinter den Fenstern, sehen die Ritter uns zu Füßen, hören deren Minnesang: „„Nehmt, Herrin, diesen Kranz', sprach ich zu einer wunderfeinen Magd, so zieret ihr den Tanz mit diesem*

Blumenschmuck, wenn ihr ihn tragt!'", zitiert Biggi und ich antworte: *„Da man noch rechter Minne pflagt, hielt Ehre man in Ehren!" „Ach"*, meint Biggi, *„wo sind bloß die Ritter hin?"* Da standen wir in Hosen und mit unserer Emanzipation, waren in der Ausbildung und sollten eines Tages ähnlich viel verdienen wie ein Mann – oder vielleicht doch nicht? Aber was wollten wir? Burgfräulein spielen war ja nett, aber bei unserer Herkunft wären wir wohl viel eher eine Wanderhure geworden als eine mit Minnesang in Ehren Gefreite.

Zufrieden mit unserem Los stiegen wir wieder auf die Stahlrösser und kamen bald nach Cochem. Wir folgten den sogenannten Moselschleifen über Traben-Trarbach und steuerten unser nächstes Ziel an: Bernkastel-Kues. Dort ruhten wir uns einen Tag aus, bevor es nach Trier weiterging, natürlich mit erneutem Flirt in einer Weinstube, die Namen sind vergessen. An der Porta Nigra lernten wir neue männliche Reisende kennen und schon begann die nächste Bekanntschaft, diesmal mit drei Jungen aus dieser Stadt, die sie uns bereitwillig zeigten, sogar ihre durch Kohlenstaub „schwärzesten" Ecken. Ja, Trier war auch damals schon die älteste Stadt Deutschlands und touristisch sehr interessant. Aber wenn man heute auf die Webseite der Stadt schaut, bekommt man doch einen gelinden Schrecken, was das Marketing aus dem verträumten Städtchen von 1958 gemacht hat. Sowieso ist unsere Fahrradtour mit keiner Jugendreise von heute vergleichbar – so jedenfalls mein Eindruck. Ich vermute, wir waren einfach neugieriger, noch nicht schon vorher mit allen Bildern durch die Reiseführer auf dem Smartphone vertraut.

Geradelt sind wir genug, befanden Biggi und ich, jetzt ging es per Anhalter weiter. In Saarlouis hab ich eine Freundin, die wollten wir besuchen. In dem Ort fanden wir die schönste Jugendherberge unserer Fahrt: eine renovierte Villa mit einem Stockwerk in Rosa und einem in Blau – so wussten wir gleich, wo wir hingehörten. Alles ist blitzsauber, wir waren die einzigen Gäste, wer kommt schon nach Saarlouis? Wir wurden von den Hauseltern verwöhnt wie die eigenen Kinder, meine Freundin lud Biggi und mich zum Essen ein, gerade richtig für unser knappes Budget. *„Da können wir doch auch noch einen Abstecher nach Brüssel machen!", so lautete unser daraus resultierendes Fazit. Ja, da ist Weltausstellung, die Bilder vom „Atomium" hatten wir in der Wochenschau gesehen.*

Wir sind siebzehn Jahre alt, schlank, hübsch – gibt es einen Grund, weshalb wir nicht nach Brüssel kommen könnten? Nein, gibt es nicht. Wir werden sehr schnell von Autofahrern mitgenommen, haben oft sehr launige Gespräche, oft eindeutige Angebote, die wir stets freundlich, aber bestimmt abweisen. Trotzdem lassen wir uns gern einladen, nicht immer sagen wir gleich, dass ein Gegenwert in Form von körperlichen Gunstbeweisen von uns nicht zu bekommen ist. So ist das mit den Frauen: Solange sie jung und schön sind, müssen sie sich um Bewerber nicht bemühen, später biedern sie sich an und werden ignoriert.

Ganz nach Brüssel kamen wir dennoch nicht. Es war zu weit, wir hatten nicht genug Geld, unsere Ferien gingen zu Ende. Mit ein paar netten Abenteuern ging es zurück nach Saarlouis, wir nahmen Abschied von Marlene, der Freundin, die ich seitdem leider nie wieder gesehen habe, und reisten dann per Anhalter zurück gen Norden. Auf dem Weg lernten wir einen Lederwarenhersteller kennen. Sofort dachten wir an Geschenke in Form von Handtaschen oder feinen Handschuhen, aber da hatten wir uns geschnitten, ohne liebevolle Vorleistung gab der Kavalier nichts heraus. Auch gut! Hatten wir wieder eine Erfahrung mehr und verabschiedeten uns unter gegenseitigen Komplimenten in Celle. Von da war es nicht mehr weit bis nach Hause.

Eine Schwedenfahrt
Erinnerungen an die Radtouren meiner eigenen Jugendzeit veranlassten mich, meiner Tochter mit einigen ihre Freunde und Freundinnen eine ähnliche Tour anzubieten.

Mit gefühlten tausend und gezählten dreißig Stück Gepäck standen wir mit unseren Fahrrädern auf dem Bahnhof Travemünde-Fährhafen und fragten uns, ob wir alle diese Teile tatsächlich mitnehmen können. Aber mit Überlegung und Geduld verteilte sich alles auf die acht Fahrräder von Viola, Surya, Katja und Ilse, von Matthias und Markus und natürlich die der beiden Erwachsenen Hans und Hannelore und so zog die kleine Karawane zur „Nils Holgersson", dem Schiff, das uns über Nacht nach Trelleborg bringen sollte. Die Fahrt der sechs Jugendlichen zwischen fünfzehn und siebzehn Jahren war bei einer Geburtstagsfeier ausgehandelt worden, ich hatte mich als Begleiterin gern zur Verfügung gestellt, hatte ein Taschengeld affines Budget erarbeitet und einen ungefähren Verlauf skizziert. Mein damals gerade arbeitsloser Freund Hans schloss sich gern als weiterer Begleiter an. Fast drei Wochen lang werden wir acht unterwegs sein, von Zeltplatz zu Zeltplatz ziehen, kleine Dörfer durchfahren, die hübschen schwedischen Städtchen besuchen und am Lagerfeuer Sommerromantik erleben.

Matthias lief barfuß durch den Sommer. Barfuß fuhr er Fahrrad, barfuß lief er durch die Glasfabrik mit ihren vielen Scherben. An seinem Fahrrad war ein Pedal defekt, reparieren sei unnötig, meinte er, es liefe ja! Sein gesamtes Taschengeld gab er am dritten Tag auf einem Flohmarkt für ein Schwert aus, das uns fortan auf unserer Fahrt begleitete. Matthias hatte schulterlange Haare, die er mit einem Stirnband bändigte, und trug den ganzen Sommer über eine Fellweste. Die behielt er an, auch wenn es heiß wurde – und das wurde es oft in diesem Schwedensommer. Wir anderen staunten.

Aber erst einmal fing es mit Regen an. Das machte nichts. Da bauten wir doch gleich mal die Zelte auf dem Zeltplatz in Malmö auf, hockten im größten zusammen, machten Tee und gewöhnten uns aneinander. Am Morgen besuchten uns die mit Menschen vertrauten Enten, sie wurden gefüttert, ließen sich streicheln - ein erster Höhepunkt für die sechs Jugendlichen, während wir Erwachsenen Brötchen fürs Frühstück besorgten.

Der Regen hielt uns noch einen weiteren Tag dort fest, aber dann klarte es auf, der typische blaue Schwedenhimmel mit schneeweißen Wolken dehnte sich über uns und los ging es über Nebenstraßen durch Schonen nach Småland und ins Glasreich.

Wir besuchten die Glashütte von Kosta, die gibt es schon seit 1742 und es ist die größte manuelle Hütte Schwedens. Matthias schritt, wie schon erwähnt, barfuß durch die Hallen. Immer wieder blickte ich sorgenvoll auf seine Füße, aber es ging alles gut, puh! Es war für alle ein großes Erlebnis, direkt neben den Öfen zu stehen und zu sehen, wie der Glasklumpen flüssig wird, gedreht wird, Form annimmt. Und dann bearbeitet der Glasbläser den zähen Tropfen und bringt die Masse mit dem langen Blasrohr vorsichtig in die gewünschte Form. Als wir selbst einmal in so ein Rohr blasen und uns an der Kunst des Glasformens versuchen durften, war das Interesse der Youngsters vollends geweckt. An einem anderen Ofen formte ein Arbeiter verschiedene kleine Figuren, von denen wir nachher in der Verkaufshalle einige erwarben.

In Växjö faszinierten uns der ehrwürdige doppeltürmige Dom, der Linné-Park und südlich die Schlossruine Kronoberg. Besonders beeindruckt zeigten sich alle im „Utvandrarnas Hus", in dem die Auswanderungsbewegung der Schweden im neunzehnten Jahrhundert gezeigt wird. Allen wurde klar, welche Mangelzeiten die Menschen veranlassen, in eine unsichere Zukunft aufzubrechen, andere Orte zu suchen, an denen das Überleben möglicherweise gesichert werden kann. Sie bekamen eine andere Meinung zu Wanderungsbewegungen und häufig gehörten Kommentare wie „Die Gastarbeiter nehmen uns die Arbeitsplätze weg!", kamen ihnen jetzt gedankenlos vor.

Abends bauten wir die Zelte in der wilden Natur auf. Das darf man nach dem sogenannten Jedermannsrecht in Schweden für eine Nacht. Einmal fanden wir einen besonders schönen Platz in der Nähe eines kleinen Flüsschens. Aber trotz aller Schönheit mussten wir leider schnell in die Zelte kriechen. Winzig kleinen Kriebelmücken umschwirrten uns und die beißen, beißen, beißen. Ich hatte durchbrochene Strümpfe an und musste nun die nächsten Tage mit einem Muster aus roten Punkten an den Beinen durch die Gegend radeln. Dass die kleinen Punkte auch noch kräftig juckten, machte die Fahrt nicht gerade angenehm. Und obwohl jeder sagte „Nicht kratzen!", zog ich hin und wieder das eine oder andere Bein hoch und versuchte, das Brennen mit kühler Hand zu besänftigen.

Naturerlebnisse gibt es gratis und zuhauf bei so einer Radelei durch die Dörfer. Sonne und Wolken wechseln sich ab, tausend Grüntöne und ein sattes Blau des schwedischen Sommers zaubern ihren Glanz in unsere Herzen.

Es regnet mal wieder. Wie kann es anders sein, wir haben ja schon ein paar Tage Sonnenschein gehabt. Der Nachmittag ist grau, der Abend naht und wir sind durchnässt. Wir steuern einen Zeltplatz an, jedenfalls ist laut Karte hier das Zelten möglich. Huch! Da ist nur eine Badestelle mit einem Umkleideunterstand und einem Klo – sonst nichts. Kein Faden unserer Kleidung ist mehr trocken und hier wird wahrscheinlich über Nacht auch kein Cape, kein Pulli, keine Hose, kein Turnschuh trocknen. „Wartet mal hier", weise ich an, „packt noch nicht aus". Ich radele davon, zurück auf dem Weg, den wir gerade gekommen sind. Die sieben blicken mir erstaunt hinterher, stellen sich in den Unterstand und harren meiner Rückkehr.

Ich habe auf dem Weg die Kirche gesehen und klingele nun im Pfarrhaus. „Vi er meget vet. Har di kanske et rom i menigheten hvor vi kann stanne over natt?", frage ich radebrechend mit meinem dürftigen Schwedisch nach einer Unterkunft für eine Nacht. Und der Pastor erbarmt sich: Ich kann den nassen Kids mitteilen, dass uns für eine Nacht der Kindergarten der Gemeinde überlassen wird.

Das ist toll! Über alle Haken werden die Regenmäntel und die Capes verteilt, die nassen Klamotten dürfen wir in den Trockner werfen und überdies dürfen wir unser Essen für diesen Abend in der Gemeindeküche zubereiten. Es wird ein luxuriöses Mitternachtsdinner mit Kartoffeln und Quark sowie Zimtschnecken. Warm und satt und sehr zufrieden verbringen wir die Nacht in der sicheren Geborgenheit des christlichen Ortes. Am Morgen dürfen wir noch den Turm der Kirche besteigen und von dort aus weit ins Land sehen. Mit dem Sohn des Pfarrers ersteigen wir die Orgelempore, dürfen auf dem Instrument spielen, jeder betätigt einmal den Blasebalg. Wer könnte den Wert derartiger Erlebnisse in Rankings oder Evaluationen erfassen? Den „Lernstoff" gar mit Zensuren belegen? Auf diesen Fahrten habe ich, haben wir „für das Leben gelernt"!

Für das Essen hatten wir uns folgendermaßen organisiert: zum Frühstück Cornflakes mit Milch oder der schwedischen Filmjölk, einer Sauermilch, die die meisten von uns am liebsten mochten, dazu Früchte, wie wir sie gerade fanden. Und an jedem Tag waren zwei von uns mit dem Kochen dran. Sie mussten sich überlegen, was eingekauft werden sollte und wie sie das mit dem zur Verfügung stehenden Gerät – Pfanne, zwei Töpfe, Kessel – zubereiten wollten. Auch dabei war Matthias der Kreativste. „Ich mache Pfannkuchen", verkündete er, mir schüttelte sich der Kopf, aber auf meinen lächelnd vorgetragenen Einwand „Wie, für acht Personen Pfannkuchen mit einer Pfanne?" erwiderte er: „Ihr werdet alle satt, ich verspreche es." Na dann! Es wurde ein Drei-Gänge-Menü. Für alle gab es zuvor eine Suppe, dran anschließend Knäckebrot mit Käse und Gurke. Inzwischen hatte Matthias den Teig zubereitet: Aus Roggenmehl und vielen Eiern rührte er ein recht sämiges Gemisch und nun kam ein dicker Pfannkuchen nach dem anderen auf den Tisch, jeder erhielt einen und war mit diesem dicken Fladen, garniert mit viel Apfelkompott, zufrieden. Als alle satt waren, hatte Matthias noch einen Teigrest übrig, der abgebacken wurde und zum Frühstück bereitstand. Nie hätte ich gedacht, dass man mit nur einer Pfanne acht hungrige Mäuler mit Pfannkuchen stopfen kann. Was hatte ich gelernt? Man muss nur genügend Mehl nehmen und dann wird selbst der Hungrigste satt!

Ein weiteres Essenserlebnis war die Sache mit dem Hackeintopf. Das war mein Spezialgericht. In beiden Töpfen wurden Hack und Zwiebeln angebraten, danach wurde das Gemüse, also Möhren, Paprika, Zucchini, Auberginen, Tomaten, hinzugegeben, das Ganze geschmurgelt und mit Reis oder Nudeln, die waren vorher kurz aufgekocht, in Schüsseln gefüllt und wie in brennstoffarmen Zeiten in Decken gewickelt gegart worden – fertig war es, das Festessen.

Meistens musste zum vorhandenen Brenner zusätzlich noch mit ein paar Steinen eine Feuerstelle gebaut werden, damit ich in zwei Töpfen kochen konnte. Und an Matthias' Geburtstag, zu dem er sich natürlich dieses Gericht gewünscht hatte, passierte es dann: Voller Ungeduld rührte er im Topf, immer wieder ermahnten ihn die anderen: „Hör auf, du wirfst den Topf noch um!" Und genau das passierte. Der größte Teil unseres Menüs landete im Feuer. „Siehst du!" „ Du Blödmann!" „Jetzt kriegt Matthias gar nichts mehr." So tönten die Stimmen durcheinander. Die Wogen waren zu glätten. „Erstens können wir noch ein bisschen Wasser und einen Brühwürfel in den Rest tun, dann schmeckt es immer noch", gab ich zu bedenken und dann: „Matthias ist mit dem Verschütten schon bestraft genug. Natürlich bekommt er auch seinen Teil." Kurzes Gemaule, aber wie immer wurden alle satt. Es gab Eis zum Nachtisch und Versöhnlichkeit breitete sich ihr Lager zwischen uns.

Unsere Tour ging weiter. „Erdbeeren zum Selbstpflücken!" verkündete ein Schild am Straßenrand. „Wollen wir eine Pause im Erdbeerbeet einlegen?" „Hurra!" Das war einstimmig. Acht Menschen verschwanden von der Straße und landeten in den Erdbeerrabatten. „Ihr könnt so viel essen, wie ihr wollt. Bezahlt wird nur, was im Korb ist", klärte der Wächter uns auf und mit beiden Händen stopften sich die Kids die süßen, reifen Früchte in den Mund.

Ich sorgte neben der einen oder anderen Beere, die auch ich dem sofortigen Genuss zuführte, für ein paar volle Körbchen zum Mitnehmen für das Abendessen. Irgendwann konnte niemand mehr auch nur eine Beere sehen und wir machten uns auf den Weg zum nächsten Quartier. „Das war eine saublöde Idee mit den Erdbeeren", stöhnte Katja. „Mir ist schlecht, ich will in meinem ganzen Leben keine Erdbeere mehr sehen."

Aber das hielt nicht lange an. Als zum Abendessen Erdbeeren mit Joghurt serviert wurden, langten alle wieder zu. Und das abermalige Stöhnen war ebenfalls vergessen, als es die Reste am nächsten Morgen zum Müsli gab. Aber als das nächste Mal ein Schild „Erdbeeren zum Selbstpflücken" am Straßenrand auftauchte, meinten alle einstimmig: „Eine weitere Erdbeerorgie verschieben wir lieber auf ein anderes Mal."

Ein nebliger Abend in Oxelösund zwang uns zum Verweilen. Nein, eigentlich zwang uns die Fähre, die uns nach Öland übersetzen sollte und die wir für heute verpasst hatten. Wie oft am Meer, wenn der Tag sonnig war, zog ein dichter Nebel auf. Der erwischte uns kalt und sofort krochen wir in die schnell auf dem nahen Zeltplatz aufgebauten Zelte. So eilig hatten wir es nicht oft! Was tun? Es war noch früher Abend, gegessen hatten wir schon. Also, Tee kochen. Dafür brauchten wir Wasser. Wir sind acht Leute, da ist das Kesselchen schnell leer, also musste ständig jemand Wasser holen. Niemand mochte gern in diese Suppe hinaus, die sich sofort feucht und klebrig an einen heftete. Aber es half nichts. Wer Tee wollte – und das wollten alle –, musste auch Wasser holen und so traf es jeden ein- oder sogar zweimal. Wir hockten natürlich in einem Zweimannzelt zusammen, der Kocher stand unter dem Vordach; sobald das Wasser kochte, wurden die Teebeutel hineingehängt, zwei Minuten zog der Tee, dann wurde eingeschenkt und der nächste rannte zum Wasserholen. Ich glaube, es wurde der gemütlichste Abend der ganzen Reise. Eng aneinander gekuschelt wurden die Gespräche intimer, einer nach dem anderen wagte es, auch Peinliches, auch Ärgerliches, auch Schamvolles zu erzählen.

Eine Diskussion entstand um Elternforderungen und Kinder-wünsche. „Darf meine Mutter verlangen, dass ich den Rasen mähe, wo ich viel lieber bunte Wiesen mag?", wollte Matthias wissen. „Klar, du wohnst doch mit im Haus. Später, wenn du ein eigenes Haus mit Garten hast, kannst du das selbst bestimmen." Oh, hoppla, da liegt Katja mit ihrer Meinung aber daneben. Alle reden durcheinander: „Nein, bei solchen Sachen, die du ganz anders siehst, darfst du die Mitarbeit verweigern." „Du willst doch gar keinen Rasen, also brauchst du ihn auch nicht zu mähen." „Aber alle, die im Haus wohnen, müssen mithelfen." Ich stutzte: Ist das nicht die Diskussion darum, wer auf- und abräumt, wem die Hausarbeit obliegt? War das nicht in der Schwedengruppe vor einigen Jahren die Auseinandersetzung zwischen Jungen und Mädchen? Und hier wiederholte sich das nun als leidiges Thema zwischen Eltern und Heranwachsenden. Ich versuchte zu verallgemeinern: „Also, ab wann und womit müssen sich Kinder an der Haus- und Gartenarbeit beteiligen? Oder anders gefragt: Dürfen Heranwachsende diese Arbeiten verweigern?"

Betretenes Schweigen, ein Appell an die Selbst- und Mitverantwortung, ein Debatten-Killer! Aber nach kurzer Stille kamen die Vorschläge: „Die Eltern sind ja zuerst immer verantwortlich. Nach und nach müssen sie den Kindern aber Mithilfe abverlangen: Meerschweinchen saubermachen …" „Wir haben gar keine Meerschweinchen!" „Lass mich doch ausreden! Also Müll raustragen, Tierkäfige saubermachen und so können Kinder doch schon so ab drei oder vier Jahren …" „Ja, und das müssen sie dann immer weiter nach dem Motto ‚Solange du deine Beine unter meinen Tisch…'" „Ja, was meinst du denn, welche Rechte du hast, wenn du wie ein Schmarotzer da rumsitzt und nichts, aber rein gar nichts für die Familie tust?" „Ich finde, es reicht, wenn ich mein Zimmer aufräume!" Markus war ziemlich schweigsam, brachte hier aber auch mal seine Meinung ein. „Nein", meinte ich, „gerade das eigene Zimmer dient doch nicht dem Wohl der Familie. Ich finde, das eigene Zimmer kann ruhig vermüllt sein, wichtig ist, dass alle zum Wohlbefinden der Familie beitragen. Das heißt dementsprechend, einkaufen, bei der Haus- und Gartenarbeit helfen und so weiter. Eben das tun, was für alle gut ist, damit es harmonisch bleibt." „Ja, und wann bitte darf ich dann selbst entscheiden, was ich tue oder nicht?"

Matthias blieb hartnäckig, er wollte Argumente gegen das Rasenmähen hören, das Gespräch verharrte ihm zu sehr im Allgemeinen. „Einer spricht jetzt dafür, dass Matthias mäht, und einer dagegen und dann gucken wir mal, wie hier die Abstimmung lauten würde", machte ich einen Vorschlag zur Demokratieunterweisung. Schließlich erfuhr Matthias zwei Alternativen durch die Gruppe: Entweder er bietet an, was er anstelle des ihm unangenehmen Mähens tun will, oder er macht daraus einen Job und verhandelt mit seiner Mutter, wie viel sie ihm für diese Arbeit geben will. Weiter mochte niemand über Hausarbeit reden, wohl aber darüber, wann man das Haus wie ein Hotel benutzen darf. Der Begriff „Hotel Mama" war uns noch unbekannt, niemand von uns nahm an, dass man Zimmer, Wäsche, Einkaufen, Kochen und so weiter ohne Gegenleistung in Anspruch nehmen könnte. In dieser Runde dachten alle an Familie und an ihre Aufgaben innerhalb dieser Familie. Die Zuordnungen unterschieden sich, je nachdem, ob man sich von den Vorbildern der Eltern freimachen wollte oder es so ähnlich machen wollte wie sie. Aber niemand ahnte die Individualisierung innerhalb der Gesellschaft, wie sie bald danach einsetzte.

Und dann passierte die Sache mit Ilses Fahrrad. „Alle Fahrräder müssen in einwandfreiem Zustand sein!", hatte ich mir vor Antritt unserer Reise ausbedungen. Aber schon Matthias' fehlender Pedalschuh war mir entgangen, ebenso der abgefahrene Mantel an Ilses Hinterrad. Ganz oben an der Nordspitze Ölands platzte er beim Aufpumpen und ich war stinksauer auf ihren Vater, der das Rad doch überprüft haben sollte. Was tun? In Byxelkrok gab es kein Fahrradgeschäft, der nächste Laden befand sich in Böda, zirka zehn Kilometer südlich. Also setzte sich Ilse in die Dünen, Markus baute das Hinterrad aus und fuhr damit nach Böda. Dort gab es leider keinen passenden Mantel für diese Größe, denn die DIN-Norm mit ihren Zolleinteilungen gibt es hier nicht, die schwedischen Maßeinheiten sind anders. Kaufte man ein neues Hinterrad, würde die Nabe für die Gangschaltung nicht passen! Wir kauften ein vollständiges neues Vorderrad. Der unermüdliche Markus radelte mit neuem Vorder- und altem Hinterrad die Strecke zurück und bastelte quasi ein neues Fahrrad zusammen, jedenfalls konnte Ilse jetzt wieder aufsitzen und Markus fuhr zum dritten Mal die Strecke Byxelkrok-Böda.

Abends saßen wir alle am weißen Strand von Kyrketorp, genossen ein prächtiges Abendessen am Lagerfeuer und ließen uns lange von der erst gegen elf Uhr untergehenden Sonne bescheinen. Auf der weiteren Fahrt waren wir leicht zu erkennen: Das ausgebaute Hinterrad fuhr auf dem Gepäckträger mit zurück nach Deutschland.

Ach ja: bemerkenswert an Öland ist außer Borgholm, wo die schwedische Königsfamilie Sommerferien macht – die bekamen wir aber nicht zu sehen –, dass wir uns alle einen gewaltigen Sonnenbrand holten. So heftig hatten wir uns die Schwedensonne nicht vorgestellt.

Zum Abschied von Öland überquerten wir die Kalmar-Brücke und alle bekamen ein offizielles Zertifikat vom schwedischen Turistburo für diesen Trip.

Die Reise näherte sich dem Ende. Wir besuchten Ystad an der schwedischen Südküste, von Wallander und seinen gruseligen Mordfällen hat niemand etwas gehört oder gelesen; wir sahen nur die blühende Rosenstadt, die den Youngsters zwar hübsch, aber langweilig vorkam, und dann ging es wieder auf die Fähre nach Travemünde. Großer Jubel, als verkündet wurde, dass sich alle von uns am Schwedenbuffet bedienen durften, die Reisekasse gab ein letztes Highlight her.

Radtour nach England

Von den eigenen Erlebnissen und den ebenso launigen wie lehrreichen der Radtour in Schweden erzählte ich meinen Schüler*innen in Berlin.

Die Entlassung der zehnten Klasse stand an, meiner ersten Berliner Klasse, in der ich seit der Siebten Deutsch und Biologie unterrichtete und mit der ich eng zusammengewachsen war. Die letzte Klassenfahrt war im Herbst, nun hieß es Abschied nehmen.

„Können Sie nicht noch einmal eine Fahrradtour mit uns machen?" Nach der Zeugnisausgabe und dem Abschlussball sind Ferien, nicht alle haben etwas vor und so fragten ein paar Jungen und Mädchen, ob ich nicht mit ihnen unterwegs sein könnte. Es blieben letztendlich nur fünf der nun schon Ehemaligen, mit denen ich dann nicht mehr als Klassenlehrerin, sondern als ältere Freundin die Tour machte. Da ich nicht den Bärenführer machen wollte, das heißt, Route und Unterkunft etc. für sie bestimmen, saßen wir an manchem Abend zusammen und berieten die Details. Bald war das Ziel klar: Es sollte nach England gehen. Die Route? Hm, jetzt wurde es schwierig, denn wir hatten nur sechs Tage Zeit dafür. Und wenn wir in Berlin losradeln, kommen wir noch nicht einmal bis zum Ärmelkanal, bevor wir wieder umkehren müssen. Das Gedicht von den Ameisen, die nicht nach Australien kommen, lässt gedrückte Stimmung aufkommen. Da tut sich eine Lösung auf: Alex's Vater ist so großzügig, uns für den ersten Teil der Fahrt seinen VW-Bus zur Verfügung zu stellen, damit können wir die Fahrräder und uns bis Ostende befördern, das Fahrzeug dort in einer Garage unterstellen und unsere Tour strampelnd fortsetzen.

Was hat mich bewogen, diese Fahrt zu unternehmen? War ich geschmeichelt von der Zuneigung dieser sechzehn Jahre alten Teenies, die gerade ihre ersten Schritte in die Selbstständigkeit wagen wollten? Oder hatte ich vielmehr das Gefühl, verantwortlich zu sein für die Verwirklichung von Wünschen, die ich durch meine Erzählungen in ihnen geweckt hatte? War es Bettina, die aufgrund ihrer Krankheit nur eine begrenzte Lebenserwartung hatte und der ich dieses Erlebnis ermöglichen wollte? Vielleicht war es eine Mischung aus allem, gewiss aber und vor allem wieder eine Projektion in meine eigene Aufbruchszeit. Ich wusste noch nicht, wie sehr ich auch später immer wieder aufbrechen sollte. Es war immer wieder die Suche nach mehr LEBEN, noch mehr SEIN! So steht es im Tagebuch:

„Ich breche auf.
Ich breche immer wieder auf.
Wohin?"

Und dann ging es los. Wir sechs buchten Jugendherbergen, füllten unsere Packtaschen, tankten das Auto voll, sichteten das Kartenmaterial – alles paletti!

Um die Fähre nach Dover am nächsten Morgen zu bekommen, mussten wir am Abend zuvor eine billige Unterkunft in Ostende suchen, wo wir auch das Auto für die nächsten fünf Tage gegen einen kleinen Betrag stehen lassen durften. Das war kein Problem und nach kurzem Fahrradcheck fuhren wir los. Auf der Fähre ließen wir uns den Wind der Freiheit um die Nasen wehen, es war die erste Fahrt ohne Schule, ohne Eltern, ohne Aufpasser, ich fühlte mich als Mitglied der Gruppe und vielleicht als Hilfsperson bei eventuell aufkommenden Schwierigkeiten. Alex, Bettina, Ira, Sabine und Lydia fanden es herrlich und auch ich konnte die integrierte Rolle genießen. Die Überfahrt verging aufregend und schnell und mit allerlei Erzählungen.

Schon seit meiner Kindheit spukte die Idee, einmal den Kanal zu durchschwimmen, durch meine nicht realisierbaren Träume. Damals, in den frühen fünfziger Jahren, beeindruckte mich die Schauspielerin Esther Williams in einem Film, in dem sie als Kanalschwimmerin Geld bekommen soll und damit ihre Familie retten will. Wir erzählten von spektakulären Unglücken im Kanal, zuletzt mit dem Tanker „Amoco Cadiz", der 1978 an die Felsen der bretonischen Küste getrieben worden und in zwei Teile zerbrochen war.

Darüber hinaus konnten wir bei Gesprächen mit anderen Reisenden unsere Englischkenntnisse schon mal ein bisschen testen.

Ankunft auf der Insel, jetzt begann das Abenteuer. In England mussten wir uns an den Linksverkehr gewöhnen. Beim Verlassen der Fähre war es noch einfach, wir standen ja schon auf der richtigen Seite und brauchten nur loszuradeln. Spannend wurde es beim Abbiegen. Das folgte nach zwei Kilometern, weil wir nicht auf dem direkten Weg nach London wollten – unserem wichtigsten Ziel –, sondern zunächst an die südliche Küste ins viel besungene Brighton. Außerdem wollten wir ja nicht nur auf Hauptstraßen fahren, sondern hatten uns eine Strecke mit kleinen Nebenstraßen herausgesucht. Die circa hundertdreißig Kilometer schafften wir an diesem Tag nicht mehr, also steuerten wir Hastings an, eine kleine Hafenstadt am Ärmelkanal. Die Jugendherberge fanden wir nach kurzem Umweg und – puh – alles war gutgegangen, keine Panne, kein falsches Ein- oder Abbiegen; recht zufrieden verzehrten wir unser Abendessen und dann begaben wir uns ins Sprachbad mit den anderen Übernachtungsgästen. Alles muss wohl gut und entspannt abgelaufen sein, ich kann mich an diese erste Übernachtung in Hastings kaum erinnern. Aber dann kam Brighton! Brighton, das mondäne Seebad! Schon der breite Name löste Neugier aus. Werden wir sie sehen, die Reichen und die Schönen? Legendär waren die Namen der Schauspieler und Künstler, die in Brighton ein Haus hatten oder haben, allen voran Laurence Olivier, von Paul McCartney und Heather Mill haben wir noch nicht gehört, die beiden waren später hier als Ehepaar und junge Eltern. Wir waren schwer enttäuscht.

Uns begrüßte ein schäbiges Seebad, dessen einstiger Glanz sich in heruntergekommenen Häusern, zerbrochenen Steinen auf der Seepromenade und stillstehenden Karussells zeigte und einen morbiden Charme ausstrahlte. Die stinkenden Fish-'n'-Chips-Kioske konnten uns ebenso wenig aufmuntern wie das kabbelige Meer und die sehr frische Brise, die nur ein kurzes Nassmachen im

Wasser erlaubte; schnell eilten wir von dannen, denn einzig die Preise wiesen noch auf den ehemaligen Glanz des Ortes hin.

Die das Seebad umgebende Provinz Sussex hingegen erwies sich als zauberhaft. Hier finden sich die berühmten kleinen Cottages an schmalen Straßen, die blühenden Gärten, für die die Engländer bekannt sind, und freundlich zurückhaltende Menschen. Wir übernachteten in Littlehampton. Portsmouth und Southampton durchfuhren wir schnöde, über Hügel, über kleine Flüsschen führte unsere Route quer durchs Land. Die mythische Welt von Stonehenge ließen wir nicht aus. Das ist stark: Mitten in der Landschaft stehen diese Monolithen! Wer hat sie aufgerichtet, wann und warum? Wie lange haben die Menschen hier gesiedelt oder sind sie einfach jedes Jahr einmal hierhergekommen? Die Erklärungen in unserem Englandführer befriedigten uns nicht: Megalithkultur, vor fünftausend Jahren soll die Anlage entstanden sein. Wie hatten die frühen Einwohner dieses Landstriches solche monumentalen Steine bewältigt? Und wie war England besiedelt worden? Wir nennen sie Bewohner „Angelsachsen", glauben also, dass sie von der Mitte Europas auf die Insel gekommen sind. Oder war die Insel damals noch Teil des Kontinents? Viele geschichtliche Fragen taten sich auf, wir bekamen nicht alle beantwortet und nahmen sie mit in unser weiteres Leben – ein deutliches Zeichen für die Dürftigkeit unserer Kenntnisse, mit der wir auch in Zukunft werden leben müssen, egal, wie weit die Wissenschaft Aufklärung zu verschaffen vermag: Es bleiben mehr Fragen als Antworten.

Aufregend sind die Riesenkathedralen in Südengland. Ein paar tausend Jahre später errichtet als die Steine von Stonehenge, werfen sie nicht weniger Fragen auf. Die Christianisierung der Kelten, der Angelsachsen, begann im zweiten Jahrhundert nach Christus, aber wie kam es zur Machtentfaltung der Geistlichkeit, zu diesem Riesenbau in Bath, für dessen Umrundung wir mehr als eine halbe Stunde brauchen?

England ist ein Land der Kathedralen. Wir kamen durch Canterbury, einer Stadt, der man noch immer ansieht, dass sie im Mittelalter einer der wichtigsten Wallfahrtsorte war, und die immer noch das Zentrum der Anglikaner ist. Wir fuhren durch die Städte und bewunderten Bauwerke, die sonst wo kaum ihresgleichen haben, auch weil sie weitgehend unzerstört und noch immer in kirchlichem Gebrauch sind. Wir nahmen einmal am gemeinschaftlichen Abendgebet in Salisbury teil und dabei erfuhren wir unter anderem, was es mit dem „Evensong" – einer Abendandacht mit Chor, die durchaus auch schon um fünfzehn Uhr stattfinden kann – und „Change Ringing" auf sich hat: In Bath wurden wir einmal Zeugen dieses „Wechselläutens". Nein, wir besuchten nicht alle Kathedralen. Aber schon die zwei, die wir besichtigten, weckten die Lust auf mehr, vor allem auf mehr Wissen. Weitere geschichtliche Fragen tauchten auf: Wie war das mit der Eroberung Englands durch die Römer? Wer waren die Kelten? Wurden sie ermordet? Haben die Römer das Land christianisiert? Woher kam das Geld für diese Monumentalbauten? In Winchester staunten wir über den Tisch der Tafelrunde von König Artus, wir lasen etwas über die Ritter der Tafelrunde, spekulierten, was der „Gral" eigentlich sei, trugen zusammen, was wir über die Adaption dieser Sage wissen, kamen auf Opern, Bücher und Lieder zu sprechen. Der Zauberer Merlin und der Ritter Parsifal geisterten von jetzt an durch unsere abendlichen Erzählungen.

Ich fahre Fahrrad im Kreisverkehr, mitten auf und quer über die Fahrbahn. Links und rechts Autos, ein einzelner Fahrgast sitzt auf der Beifahrerseite. Haben die Autos keine Fahrer? Fahren sie blind durch die Gegend? Ich schwitze, wie läuft der Verkehr? Alle Menschen machen einen zufriedenen Eindruck. Jetzt kommt ein Auto auf mich zu und da beginnt ein wildes Hupkonzert, davon werde ich wach. Der Linksverkehr hat sich in meinen Traum geschlichen, das Hupkonzert war dem Schlagen einer Trommel geschuldet.

Wir fuhren heute nach London und da breitete sich wohl wegen des zu erwartenden Verkehrs eine gewisse Angst bei mir aus.

In der Realität ging es gut. Ganz lässig fädelten wir uns in den Linksverkehr ein, kreuzten, nahmen wahr, wie rücksichtsvoll die Engländer uns passieren lassen, fanden richtige Ausfahrten und kamen stolz in der Jugendherberge an. Alles gut gegangen, Risiko gemeistert, die große Stadt nahm uns freundlich in die Arme.

Zwei interessante Tage folgten mit Besuch der Parks und des berühmten Warenhauses Harrods, mit der Wachablösung vor dem Buckingham Palast und dem ganzen touristischen Schnickschnack. Wir hörten einem Mann bei seiner gewaltigen Rede am „Speakers` Corner" im Hyde Park zu und stiegen mit Unbehagen über die Obdachlosen an den U-Bahn-Eingängen. Also war es eine „normale" Besichtigung der Metropole und hatte keinen Bezug zum Thema Pubertät? Die holte uns ein! Am Abend bzw. in der Nacht in der Jugendherberge konfrontierten mich die Jugendliche schmerzlich mit ihrer Unbedarftheit: „Ich habe einen Verwandten in London. Dürfen wir den besuchen?" Alex fragte mich, Sabine und Lydia wollten ihn begleiten und selbstverständlich stimmte ich dem zu. Bettina und Ira wollten nicht mit und so saßen wir zu dritt beim Abendessen und warteten auf die Drei, die am frühen Nachmittag aufgebrochen waren.

Es wurde acht Uhr, wir saßen mit den internationalen Gästen der Herberge um das Spielfeld, wo wechselnde Mannschaften Basketball spielten - internationale Verständigung ohne Organisation; einfach so fanden sich die unterschiedlichen Nationalitäten und Hautfarben zum Match zusammen. Es schlug neun, meine Unruhe wuchs, zehn Uhr ... Von den Dreien hörten wir nichts, sahen wir nichts. Was sollte ich tun? Handys gab es noch nicht.

Schmerzhaft merkte ich, dass ich noch nicht einmal eine Telefonnummer von dem Onkel hatte. Sollte ich in Berlin anrufen? Die Nacht überstand ich mit tausend Ängsten. Am nächsten Morgen müsste ich wohl in Berlin anrufen, eventuell die Polizei verständigen, was noch? Gedanken, Fragen, Vorwürfe gegen mich selbst meldeten sich lautstark: Du hast den Dreien keine klaren Regeln gegeben, du hast versäumt, dir die Telefonnummer geben zu lassen, du hast ihnen keinen Stadtplan mitgegeben, du hast ihnen die Telefonnummer der Herberge nicht gegeben ... Und immer wieder: Oder doch? Haben sie alles und sind nur verantwortungslos?

Nach einer weitgehend durchwachten Nacht lösten sich alle Sorgen am Morgen auf: Da trafen die drei frohen Mutes zum Frühstück in der Herberge ein. „Wir sind extra früh aufgestanden, damit wir zum Frühstück hier sind." Ich war außer mir: „Habt ihr gar nicht gedacht, dass ich mir Sorgen machen könnte?" „Nö", kam es von Alex zurück, „wir waren ja bei meinem Onkel und der meinte, wir sollten lieber nicht nachts fahren, sondern dort übernachten und bei Tageslicht wieder in die Stadt fahren. Es war ja ziemlich weit außerhalb." Ich war fassungslos, konnte aber meine Gefühle nicht in Worte fassen, zu sehr haderte ich mit meinem eigenen Versagen. Trotzdem musste ich wohl die Grenze der selbstständigen Entscheidung deutlich gemacht haben, denn Jahre später erinnerte sich Alex noch daran, dass ich eindrücklich klar war in der Frage, was man selbstständig entscheiden kann, wenn man in der Gruppe unterwegs ist, und welche Verantwortung man der ganzen Gruppe gegenüber hat.

Die Rückfahrt verlief problemlos, bis ... ja, bis wir wieder in Ostende den von Alex' Vater ausgeliehenen VW-Bus bestiegen. Beim Losfahren machte der Motor komische Geräusche, sorgenvoll hörte ich das Knacken und Knattern, blieb kurz stehen und startete erneut. Offenbar klappte es jetzt und wir legten eine kurze Strecke zurück, bis das Auto von sich aus stehen blieb. Was tun? Wir telefonierten nach Berlin, der Papa ist - zum Glück - im ADAC und das Abschleppen wurde organisiert. In der Werkstatt erfuhren wir, dass eine neue Nockenwelle bestellt werden musste, die Lieferung würde ein oder zwei Tage dauern und dann brauchte der Mechaniker noch einen Tag für die Reparatur. Schlimm, schlimm! Eine Unterkunft zu finden, war nicht schwierig, aber die Mädchen hatten am übernächsten Tag einen Termin in Berlin und konnten nicht bleiben. Die Mädchen fuhren mit dem

Zug, Alex wartete mit mir auf das reparierte Auto. Der Siebzehn-
jährige und ich mussten zwei Tage allein verbringen.

Ausgiebig lernen wir Ostende kennen – Sommer in Ostende!
Siebenundvierzig Jahre, nachdem sich dort einmal ein paar
Schriftsteller, unter ihnen Stefan Zweig, Joseph Roth, Egon Erwin
Kisch und Ernst Toller, die vor dem Nazi-Regime geflohen waren
und noch nicht wussten, wie und wo sie weiter leben, was und wie
sie schreiben würden, im Exil verspannt vergnügten.

Alex und ich redeten viel über diese unselige deutsche Vergangenheit, spürten die latente Ablehnung der Bevölkerung. Es war
keine offene Feindseligkeit, schon gar nicht eine persönliche. Es
war mehr der fragende Blick: Würdest du bei anderer Gelegenheit
auch zu den Tätern gehören? Hättest du diesem Hitler zugejubelt?
Wir spürten, dass man uns die Gnade der späten Geburt ge-
währte, dass die Vergangenheit jedoch nicht vergessen war. Alex
nahm diesen Skeptizismus sehr fremdelnd wahr, in mir löste er
Schuld- und Trotzgefühle aus. In meinem Kopf formulierte ich Antworten auf die nicht gestellten Fragen: *Ich bin im Krieg geboren.
Ich habe gehungert. Mein Vater hat an der Ostfront gekämpft, sicher nicht freiwillig, er ist nie über den Stand eines Gefreiten hin-
ausgekommen, er hat sich nicht zu Hitler bekannt. Meine Mutter
hat den Kriegsgefangenen Essen gebracht, sie hat nie nach Herkunft oder Religion unterschieden. Und meine Mutter hat die Arbeit in der Fabrik verweigert: „Ich habe drei Kinder. Für die muss
ich sorgen und nicht noch in der Kriegsmaschinerie antreten!"*

In der Schule hatte ich mit den Schüler*innen Geschichten ge-
lesen, die den Heranwachsenden die Augen über dumme Vorur-
teile öffnen sollten, zum Beispiel „Damals war es Friedrich" von
Hans Peter Richter oder „Vorstadtkrokodile" von Max von der
Grün. Und wir hatten alle „Das Tagebuch der Anne Frank" gelesen.
Aber niemand stellte die Fragen, niemand interessierte sich für
Rechtfertigungen. Was passiert war, war passiert und wir, die Leh-
rerin und der ehemalige Schüler, gehörten diesem Täter-Volk an.
Es gab zwar keine Gespräche mit den belgischen Menschen um

uns herum, aber nicht zu klärende Fragen nach Begriffen „Volk"
und „Vaterland", nach „Herkunftsland" und „Europa" und „Nation" bewegten uns. Außerdem tauchten die Fragen nach Anpassung und Widerstand auf – so wie heute wieder, 2017, angesichts
der vielen Menschen aus anderen Nationen, die Schutz in
Deutschland suchen, angesichts einer wachsenden Anhängerschaft der Partei „Alternative für Deutschland" - und sie können
niemals leichtfertig abgetan werden.

Wir radelten viel in der Gegend umher. Einmal kamen wir an
einen Binnensee. Es war warm und es gab die Möglichkeit zu
schwimmen. Badezeug hatten wir nicht dabei. Für mich war es
keine Frage: Ich kann nackt ins Wasser gehen. Alex machte es mir
nach und wir schwammen lange unter dem blauen Himmel – geschenkte Zeit des Glücks.

Nachher lagen wir nackt in der Sonne und ließen unsere Körper
trocknen, nichts Arges war dabei, keine Erotik, jedenfalls spürte
ich keine. Anders mochte es für Alex gewesen sein. Er sah die Frau
in mir, vielleicht wuchs da ein Verlangen, von dem ich nichts
ahnte, von dem ich wohl auch nichts wissen wollte. Viel später
sprach mich der Vater einmal auf dieses Erlebnis seines Sohnes
an: „Nackt mit einer jungen Lehrerin baden! Kann man sich mit
siebzehn Jahren etwas Schöneres wünschen?" Nein, ich hatte
nichts dergleichen auslösen wollen, ich war noch naiv, ich war verheiratet, da konnte ich doch nicht ahnen, dass in dem Jungen der
Mann schon längst wach war. Erst als ich das Buch „Schweigeminute" von Siegfried Lenz über das erotische Abenteuer eines Schülers mit einer Lehrerin las, realisierte ich das Pikante auch unserer
Situation.

Zwei Tage später war das Auto fertig. Spät abends kamen wir
in Berlin an. Todmüde übergab ich Alex, Auto und Räder dem Vater und radelte mit meinem eigenen Velo nach Hause. Von der
ganzen Tour bleiben einige schmerzende Stellen im Gedächtnis,

so eine Art: Was hat das eigentlich gebracht? oder: Na ja, das gehört nun auch zu meiner Biografie, vor allem aber – und das ist wohl wichtiger – zur Biografie dieser Jugendlichen.

Internationale Jugendkurse

Fast ein halbes Jahrhundert nach dem ersten Jugendaustausch, durfte ich die Leitung von Stipendiatenkursen des Goethe-Instituts übernehmen, den sogenannten PASCH-Kursen. PASCH ist die Abkürzung für Partnerschulen im Ausland.[3] Der damalige Außenminister Frank-Walter Steinmeier hatte 2008 eine Initiative für „Mehr Deutsch weltweit" gestartet. Dieses Programm hatte das ehrgeizige Ziel, in vier Jahren tausend Schulen zusätzlich zu den bestehenden hundertsiebenundzwanzig (2017: hundertvierzig) Auslandsschulen zu finden, an denen Deutsch als Fremdsprache (DaF) unterrichtet wird. Ich dachte damals skeptisch: „Wie will er das denn machen?" Inzwischen sind es tausendachthundert Schulen, in denen weit über fünfhunderttausend Schüler*innen Deutsch lernen. Ein Teil des Programms ist das Angebot, an einem Intensivkurs in Deutschland teilzunehmen. Die Schüler*innen sind sozusagen handverlesen. Die Goethe-Institute in aller Welt suchen mit den DaF-Schulen die Stipendiaten aus. Die Schulen entsenden besonders fleißigen Kandidat*innen. In den ersten Jahren lag der Fokus auf den Entwicklungsländern und besonders bedürftigen Schüler*innen. Inzwischen kommen die Kids auch aus wirtschaftlich hoch entwickelten Ländern und es sind wohlhabende Elternhäuser dabei, die Auswahl erfolgt heute mehr nach dem Interesse und der Intensität, mit der ein/e Schüler*in Deutsch lernt.

2011 ging es los: Im Juli kamen im Laufe eines sommerlich verregneten Tages neunzig Jugendliche aus China, Korea, Kamerun und weiteren zwölf Ländern in Roßleben an, einem kleinen Ort im Thüringischen. Dort war ein Schloss-Internat für drei Wochen die Heim- und Lernstätte für die Jugendlichen. Dem Mitarbeiterteam gehörten sechs Lehrkräfte an, zudem standen sechs junge Leute für die Betreuung zur Verfügung. Praktikant*innen und beglei-

---

[3] Der offizielle Name der Initiative lautet „Schulen: Partner der Zukunft".

tende Lehrkräfte ergänzten das Team. Es gab drei sehr strenge Regeln: kein Alkohol, keine Zigaretten o. Ä., kein Besuch nach oder von außerhalb. Und eine Soll-Regel galt: Die Campus-Sprache ist Deutsch! Ganz schön schwierig, wenn in dieser Sprache nur die Fragen „Wie heißt du? Woher kommst du?" beantwortet werden können und ansonsten auf Englisch kommuniziert wird.

Mit neugierigen und ängstlichen Gesichtern trafen die Kids ein. In der ersten Woche war vorsichtiges Eingewöhnen angesagt. Die erste Frage lautete: „Wo schlafe ich?" Mein Bett als sicherer Zufluchtsort! Das hatte das Team im Vorwege geregelt, möglichst so, dass Kids aus verschiedenen Ländern sich ein Zimmer teilen mussten. Es gab ja nur eine kurze Zeit zum Kennenlernen und in der sollten sie möglichst auf Deutsch kommunizieren. In der zweiten Woche kannten die Jugendlichen die Abläufe und die Gegend, hatten sich Sympathien und Freundschaften gebildet und erst in der dritten Woche wurde es ein bisschen brenzlig, da wurden schon einmal Grenzen ausgetestet.

Der erste Abend. Rami aus der Türkei kam zum Betreuer Christian: „Ich kann nicht schlafen, der Cedrick hat stinkende Füße." Christian ging mit Rami in das Zimmer der beiden Jungen und mit einem Deutsch-Englisch-Französisch-Gemisch machte er dem Jungen aus Kamerun deutlich: „Du warst lange unterwegs. Hier ist die Dusche, heute darfst du so spät noch duschen. Und hier …" – Christian suchte im Koffer des Jungen – „sind die Socken für morgen. Achte darauf, dass du täglich duschst und die Socken wechselst, jede Woche wird gewaschen."

Ganz einfach war dieses Problem gelöst. Kaum waren wir damit fertig, kam Otavio aus Argentinien verweint zu mir: „Ich kann nicht schlafen. Ich möchte wieder nach Hause. Kann ich meine Mutter anrufen?" „Ist es das erste Mal, dass du von zu Hause weg bist?" „Nein, ich war schon einmal auf Klassenreise. Aber da waren alle meine Freunde dabei. Hier kenne ich niemanden." Er schluchzte. Er war einer der Kleinsten und Jüngsten, dreizehn Jahre alt. „Bleib ein bisschen hier sitzen, ich habe noch zu tun und du kannst dir die Bücher dort auf dem Tisch ansehen." Ich bereitete eine heiße Milch mit Honig für Otavio zu, reichte sie ihm und plötzlich lächelte er: „Meine Mutter macht mir auch immer heiße Milch, wenn ich nicht schlafen kann." Nach zwei Tagen war das Heimweh vergessen und ich hatte einen neuen Titel: „Du bist meine deutsche Mutter."

Wünsche nach Zimmertausch gab es in den ersten Tagen. Bei der Vorbereitung hatten wir vielleicht doch einen Fehler gemacht, zwei Vierzehnjährige zusammen in ein Zimmer gelegt, und während die eine schon weit entwickelt war, fast eine voll erblühte junge Frau, war die andere sportlich, jungenhaft, sah aus wie zwölf und war mit den Interessen der Mitbewohnerin völlig überfordert. Diese Entwicklungsunterschiede konnte man vorher nicht immer sehen. Zum Glück waren das Einzelfälle.

Die Kleidung der Kids war bemerkenswert. Vor allem die Jungs aus den afrikanischen Ländern kamen häufig im Anzug und mit blank geputzten Halbschuhen – wenig zweckmäßig zum Fußballspiel und Wandern! Manche Mädchen erschienen mit hochhackigen Schuhen, auch die waren für die Aktivitäten in so einem Camp nicht geeignet. Außer den Sachen, in denen er angereist war, hatte Kani aus Uganda keine Kleidung mit. Wir mussten ihn mit allem ausstatten: T-Shirts hatten wir vom Goethe-Institut, Sportsachen und Turnschuhe mussten wir ihm kaufen. Sune und Pretty aus Südafrika hingegen reisten mit Riesenkoffern an und veranstalteten in den nächsten Tagen eine kleine Modenschau, bis sie merkten, dass hier Kleidung überhaupt nicht wichtig war.

Bei einem der Kurse war es nicht zu verhindern, dass zwei Mädchen wieder abreisten. Sie waren wohl von ihren diplomatischen Vätern in diesen Kurs geschmuggelt worden und hatten von Anfang an keine Lust für diese „drei Wochen Gefängnis", wie sie es nannten. Telefongespräche, Beschwörungen, die Drohung mit der Rückzahlung aller Ausgaben – nichts half: „Ich werde krank. Ich will nach Hause." Schließlich schickten die Eltern der beiden Tickets für den nächsten Flug in ihre Heimat Katar.

Die Tage in einem Sprachcamp sind durchstrukturiert: Um acht Uhr wecken, halb neun Frühstück, um neun Uhr beginnt der Unterricht. Da die Kids, wie erwähnt, zu den Fleißigsten ihrer Schule gehörten, gab es mit der Pünktlichkeit erst in der dritten Woche zuweilen Schwierigkeiten. Überhaupt: Drei Wochen waren wir Tag und Nacht zusammen. Das erforderte die „Parabel-Strategie": Das Team musste wie in einem Bogen über dem Tagesgeschehen immer das Ende sehen. Vom Ende her denken hieß, wie und wann reisen die Kids wieder ab, wann sind Prüfungen, wie wird der Abschiedsabend gestaltet? Und dann planten wir – das ganze Team – die drei Wochen unter diesem Bogen.

Wir Teamer mussten in diesen drei Wochen gut miteinander auskommen. „Gut" bedeutete, dass wir für die Kids eine Einheit darstellten. Auch wenn wir alle emotional verschieden gestimmt waren, mussten wir eine gemeinsame Sprache, eine Form für unsere Rolle als „Eltern" dieser Jugendlichen finden. Vorfälle sollten nicht autoritär entschieden, sondern ebenso wie alle aufkommenden Fragen in die tägliche Teamsitzung eingebracht werden. Es war eine Teamarbeit auf Zeit, danach strebten alle wieder in ihre jeweiligen Welten. Die Lehrkräfte waren oft solche, die in anderen Ländern Deutsch als Fremdsprache unterrichten und in den Ferien gern diesen Kurs in Deutschland übernahmen – ein willkommenes Zubrot zu ihrem in den Heimatländern manchmal recht bescheidenen Gehalt. Die Betreuer*innen waren meist Student*innen, die sich während der Semesterferien ihr Einkommen aufbesserten. Dann gab es noch einen oder eine Verwaltungsleiter*in, denn das zugewiesene Budget musste eigenständig verwaltet werden. Fahrten, die Anmietung von Kleinbussen, Taschengelder, Verbrauchsmaterial, eine Kurszeitung – alles wurde bezahlt, war Teil des Stipendiums. Alle gemeinsamen Aktivitäten wurden aus der Kurskasse bezahlt, waren also den strengen Regeln des Haushalts und seiner Überprüfbarkeit unterworfen. Welch ein Unterschied zu meinem ersten Camp 1965: Damals war ich allein verantwortlich. Leitung, Betreuung, Planung der Fahrten und der Grillabende, das Budget – alles lag in meiner Hand. Abrechnen musste ich natürlich auch, aber nur einen groben Nachweis über Einnahmen und Ausgaben erstellen, den ich den Eltern vorlegen konnte. Und woher kommt heute das Geld für diese Stipendiatenkurse? Das Goethe-Institut verwaltet mit seinem Knowhow die Mittel, aber sie stammen aus dem Kulturhaushalt des Auswärtigen Amtes.

Fünf dieser Jugendkurse begleitete ich. Nach dem ersten in Roßleben war ich viermal im Kolpinghaus in Duderstadt, einer Kleinstadt am Südrand des Harzes, hinter der die ehemalige Grenze zwischen Ost- und Westdeutschland verlief. Im ersten Kurs neunzig, danach waren es jeweils sechzig Jugendliche aus etwa sechzehn Ländern. Und wie haben sich die Jugendlichen seit meinen ersten Anfängen in diesen fünfzig Jahren verändert? Sind die Mädchen und Jungen 1965 moralischer, ängstlicher, zukunftsorientierter gewesen als die von 2015? Wer darüber Genaues lesen möchte, dem seien die Shell-Studien durch die letzten Jahrzehnte empfohlen. Nach meiner Erfahrung ist die frühe Jugendzeit immer gleich – und wohl sogar über Jahrhunderte und verschiedene Sozialräume ähnlich. Die Gesellschaft verändert sich und damit auch die Rolle und Anforderungen an die nächste Generation. Wie streng oder locker Kleidungsvorschriften sind, wie stark die Jugend gegen die Älteren revoltieren darf, wie viel Respekt den Großeltern entgegengebracht werden muss, wie Traditionen gelebt werden, in welchem Glauben die Kinder heranwachsen – all diese Fragen und die dazu gehörenden Antworten sind in den sozialen Werten der jeweiligen Gesellschaft verankert, die physiologischen Grundlagen der Heranwachsenden in der Adoleszenz sind gleich. Ein wesentlicher Unterschied in diesen fünfzig Jahren wurde durch die Globalisierung und Internetentwicklung verursacht. Mussten die Jugendlichen 1965 noch eine Karte schreiben, um den Eltern die glückliche Ankunft im Camp mitzuteilen – nur in Ausnahmefällen wurde telefoniert –, hatten wir 2011 bereits Zeiten für die Internetkommunikation mit den Eltern und 2015 kam eigentlich jeder und jede Teilnehmer*in mit dem Smartphone an und wollte sofort und augenblicklich mit Eltern und Freunden kommunizieren. Da war es dann ein Problem, dass die Leistung des Servers im Kolpinghaus nicht für das gleichzeitige Einloggen von sechzig Kids ausgelegt war.

Ungeduldiger sind die Jugendlichen heute. Sie sind es gewohnt, mit den Freunden über die sozialen Medien weltweit in Kontakt zu bleiben. So verlaufen die in diesem Alter anstehenden Entwicklungen – Suche nach dem Platz in der Gesellschaft, Orientierung für den Arbeitsmarkt, die Partnersuche und so weiter – unter jeweils anderen Bedingungen, bleiben sich im Grunde jedoch gleich und das wird besonders bei Gruppenunternehmungen deutlich. Unser Soziologieprofessor erklärte uns: Der Alltag einer Bäuerin in Indien unterscheidet sich vom Alltag einer Bäuerin in Kroatien kaum. Aber er unterscheidet sich stark von dem einer Bewohnerin einer Großstadt. Und so ist es auch mit den Jugendlichen: Ihr Denken und Handeln unterscheidet sich je nach Ursprungsort, aber ihre Wünsche und Schritte in die Welt des Erwachsenseins sind ähnlich.

Highlights in diesen Jugendkursen – egal ob Stipendiaten oder Selbstzahler, mit oder ohne Sprachprogramm, ob 1965 oder 2015 – waren und sind die bunten Abende, die Partys. Gerade mit den Kids aus aller Welt stellte sich zunächst die Frage: Welches Motto können wir ausgeben? Am besten bewährte sich am Anfang eine „Bad-Taste-Party". Die Mädchen, sonst stundenlang mit der Frage beschäftigt „Was ziehe ich an, wie sehe ich aus, kann ich so gehen?", mussten sich mit einem richtig „schlechten Geschmack" präsentieren. Das machte schon bei der Vorbereitung riesigen Spaß. Es nahm vollständig den Druck einer „Model-Show", die Jungen und Mädchen hatten dieselbe Chance, der oder die Hässlichste bzw. Kreativste zu sein. Wer im Partyraum erschien, wurde beklatscht, begutachtet, erhielt Aufmerksamkeit. Der Tanz kam schnell in Gang, alle waren ja schon durch den Anblick der anderen erheitert und so stieg die Laune mit einem geschickten DJ, der die international bekannten Songs immer wieder auflegte. Alle Sprachprobleme wurden durch gemeinsames Lachen, Tanzen, Singen überwunden. Es empfiehlt sich, so einen Abend möglichst früh zu veranstalten, danach sind die Argentinier mit den Vietnamesinnen befreundet, die Ghanaerinnen mit den Nepali und alle Nationen und Hautfarben mischen sich fröhlich. Dieses Kennenlernen öffnet den Raum für Freunde und die Freude, im Unterricht mal mit diesem, mal mit jener zusammenzuarbeiten, ergibt sich von selbst.

Wenn der zweite Partyabend dann unter dem Motto „Rollentausch" steht, ist die Heiterkeit noch einmal grenzenlos. Da kommt der Betreuer Max mit Perücke und high heels wie eine Diva, Manuel hat auch eine Perücke und ein Kleid und derbe Schuhe. „Du siehst aus wie meine Oma", meint Rokiatou aus Kamerun und als Minh, eine zarte Schönheit aus Vietnam, in einem Bettleroutfit erscheint, gibt es viel Beifall. Den Preis bekommt jedoch Oleksii aus Russland, der sich in einem schicken bauchfreien Top und einem engen, hochgeschlitzten Rock präsentiert.

Neben den Partys sind die Länderabende Höhepunkte der drei Wochen. Die Teilnehmer*innen kommen bei diesen Jugendkursen aus zwölf bis sechzehn Ländern, die anderen wissen wenig oder gar nichts über die Heimat der anderen. So erhalten die entsendeten Kids meist schon vor der Abreise den Hinweis, dass sie ihr Land im Kurs vorstellen müssen. Viele bringen dazu allerlei Requisiten mit: Kostüme, bestimmte Esswaren, eine Fahne, Bilder oder sogar einen Film oder zumindest eine Diashow. Stets gibt es Vorbereitungszeit und die Technik ist immer dabei. Wie hübsch da die drei aus Ghana in ihren einheimischen Kostümen die Tänze ihres Landes vorführten. Clovis hatte weite Hosen an und ein Hemd aus gelb-schwarzem Stoff, dessen Muster das afrikanische Lebensgefühl spiegelte, während seine beiden „Frauen" mit Baströcken und Bastringen an den Oberarmen Traditionen vorführten, die im Alltag dieses afrikanischen Landes sicher nicht mehr vorkommen. Überhaupt gibt es bei diesen Länderabenden viel Folklore. Traditionelle Lieder und Tänze werden gezeigt und gesungen und das Schönste kommt zum Schluss: Dann werden alle aufgefordert, bei einen russischen oder einem anderen Volkstanz mitzumachen. Oft kommen auch Besucher aus dem Städtchen dazu, zuletzt in Duderstadt auch Gäste, die im Kolpinghaus ihre Ferien verbringen und die Vorführungen als willkommene Abwechslung besuchen.

Gab es keine Probleme mit den Verboten: Alkohol und Zigaretten? Nicht in der ersten Woche, aber dann rückte die Dorfjugend in die Nähe der Gruppe, brachte entsprechenden Stoff mit oder die Jugendlichen hatten den nahen Supermarkt entdeckt und kauften dieses und jenes ein. Wie findet man Lösungen unterhalb des Zurückschickens, zumal es ja oft in der dritten Woche ist und diese Möglichkeit fast nicht mehr in Frage kommt? Ich zitierte Olga zum Einzelgespräch. „Du hast Bier mitgebracht." Olga druckste herum, schwieg. „Du wolltest die sechs Flaschen doch sicher nicht allein trinken", hakte ich nach. „Ich hab es nicht gekauft." „Verrate mir, wie es in deine Tasche kam." „Also Kristjof und Aleksii meinten, es fiele nicht auf, wenn ich es trage." Als nächstes zitierte ich also die beiden genannten Jungen herbei, die beschuldigten noch weitere Beteiligte und schließlich wurde der ganze Vorfall in der Gruppe besprochen, das Bier wurde konfisziert und so wurde auch diese Klippe wieder umschifft.

Bei anderer Gelegenheit entdeckten die Betreuer eine Flasche Whiskey im Zimmer eines ägyptischen Jungen. Doppeltes Erstaunen: ein Moslem? Alkohol? Es stellte sich heraus, dass der Junge Kopte war und die Flasche seinem Vater mitbringen wollte. Wirklich? Wir nahmen die Erklärung an, schlossen die Flasche ein und sahen zu, wie er sie bei Abreise in den Koffer packte. Ach, die Koffer! Die waren bei der Abreise stets das zweitgrößte Problem – das größte war der Abschiedsschmerz. Die Koffer durften ja ein bestimmtes Gewicht nicht überschreiten und eingekauft hatte die

Kids im Konsumparadies Deutschland viel zu viel. So manche mitgebrachte Hose, manches T-Shirt, mancher Pulli blieben da in Deutschland, um Platz zu machen für die neuen Sachen und Souvenirs. Die sozialen Kleidersammlungen wurden nach der Abreise so eines Kurses stets reich bestückt. Und manchmal hatte ich den Gedanken, es könnte sein, dass so ein Kleidungsstück dann auf einem der Märkte in armen Ländern landet, wo die Sachen angeboten werden, und jemand entdeckt dort seine in Deutschland zurückgelassene Hose wieder. Aber das ist wohl eher unwahrscheinlich, selbst wenn man sich wundert, was alles in Ruanda und Burundi getragen wird und was den deutlichen Charme des in der Kleidertonne gelandeten Kostüms aufweist.

Das wirklich Allerallerbeste an diesen Jugendkursen ist die Überwindung von Vorurteilen. Der Respekt vor dem Anderen, dem Fremden, wächst mit den Kenntnissen über die Verschiedenheit der Länder und Gebräuche. Und was hinzukommt: Am Schluss sind wir jedes Mal wie eine Familie. Wir sind über drei Wochen zusammengewachsen, versichern uns: „Wir bleiben in Kontakt." Auch wenn ich weiß, dass das nicht so sein wird, bin ich sicher: Diese drei Wochen sind ein wichtiger Teil in der Biografie dieser jungen Menschen.

Was wird wohl aus unseren Liebespaaren? José aus Brasilien verliebt sich in die kleine Fatima aus der Türkei. In den letzten Tagen müssen sie oft daran erinnert werden, dass sie nicht zusammen in einem Zimmer sein dürfen. Sie suchen Rückzugsräume, wollen sich am liebsten keine Sekunde aus den Augen lassen. Ach, die verzauberte Zeit erster Liebe. Der jugendliche Schmelz der Mädchen in diesem Alter, die Leichtigkeit der Flirts und der Annäherung, die Schüchternheit der Jungen, gemeinsam erlebt und partiell überwunden – all das ist so fantastisch, dass ich nicht weiß, wie ich in Zukunft ohne die leicht voyeuristische Teilnahme auskommen soll. Aber einmal muss ich aufhören und ich verabschiede mich von meinem letzten Jugendkurs mit großer Dankbarkeit. Viele liebe Briefchen habe ich nach den Fahrten und Kursen bekommen:

„Liebe Hanylore, Wie geht's dir? Hoffentlich geht es dir gut." *„Danke für die 3 Wochen." „Sie sind sehr gut und sehr schön." „Ich liebe dich und wurde dich vermisse. Deine Sherein Hisham (aus Irland)"*

Wenn ich auf diese fünfzig Jahre mit Pubertierenden zurückblicke, wächst in mir die Erkenntnis: Trotz aller Zweifel ist dies für mich der richtige Weg gewesen. Aber jetzt muss Schluss sein – bis hierher und nicht weiter! Ein Gedicht von Lulu von Strauß und Torney fängt so an: „Ich brachte in siebzig Jahren viele Ernten ein, dies wird mein letztes Fuder wohl gewesen sein …" In dem Gedicht stirbt die alte Frau, denn ihr Arm ist zu schwach, um die aufgeschreckten Pferde zu bändigen. Ich will mit der Aufgabe dieser Tätigkeit nicht meinen Tod beschwören, aber es soll auch bei mir eine „letzte Ernte" gewesen sein.

Meine Erziehungsgrundsätze

Alle Jugendlichen finden ihren Platz.
Allein und in Gemeinschaft.
Mit der Gemeinschaft oder gegen sie.

Dies ist kein wissenschaftlicher Exkurs. Viele meiner im Studium und in langjähriger Erfahrung erworbenen Erziehungsgrundsätze sind in die Schilderung konkreter Situationen eingeflossen. In diesem Nachtrag dreht es sich um die Frage, wie viel Einordnung von Heranwachsenden verlangt werden kann und wie viel Schutz sie benötigen. In der Adoleszenz – zwischen zwölf und achtzehn Jahren – geht es um die Bildung der Identität in der Gemeinschaft.

1. Angeboren oder erworben?
   Fremd kommen wir auf die Welt, haben einige genetische Dispositionen und wachsen mit unseren Aufgaben.
   Was ist „angeborenes Verhalten"? Schlicht gesagt: Das gibt es nicht! Fähigkeiten können angeboren sein, Verhalten wird immer gelernt. Die Fähigkeit zu sprechen ist angeboren, die Sprache wird gelernt. Das Aussehen von Kindern ähnelt zumeist dem des einen oder des anderen Elternteils oder dem der Großeltern – aber was heißt das für die Erziehung? Gar nichts. Bestimmte Talente oder Schwächen kommen oft in einer Familie vor. Jedes Kind muss die Chance auf seine individuelle Entwicklung bekommen und darf nicht auf eine diffuse Historie festgelegt werden, in der bereits jemand nicht rechnen konnte oder verschwenderisch war.

2. Werte und Tugenden
   Jede Gesellschaft hat oberste Ziele. In Diktaturen sind sie eindeutig und werden vorgegeben, aber selbst in Diktaturen gelingt es nicht, Abweichungen zu verhindern. In einer

autoritär strukturierten Gesellschaft ist die Erziehung genormt. Daraus ergibt sich zwar eine große Sicherheit für die Angepassten, aber vielen ist dieses Korsett zu eng und die Ausbrüche können schrecklich sein.

In agrarisch strukturierten Gesellschaften bleiben die Kleinkinder lange am Körper der Mutter, müssen dann aber früh zur Versorgung der Familie beitragen.

In offenen Gesellschaften sind die Ziele widersprüchlich und entsprechend werden die zum Erreichen der Ziele notwendigen Werte und Tugenden verhandelt und müssen ständig den Bedingungen angepasst werden. In solchen offenen Gesellschaften sind Flexibilität und Kreativität notwendig, das Ziel ist der Erhalt eines hohen Lebensstandards für möglichst alle Mitglieder der Gesellschaft.

Das daraus resultierende Dilemma ist bekannt: Sicherheit für alle Mitglieder dieser Gemeinschaft soll gewährleistet werden und jedes einzelne Mitglied soll über die größtmögliche Freiheit verfügen.

Den Werten sind Tugenden untergeordnet. Bei den Tugenden sollte nach der Mitte zwischen Extremen gestrebt werden. Man soll großzügig, aber nicht verschwenderisch, sparsam, aber nicht geizig sein. Ordnungsprinzipien sind nützlich, wenn sie uns helfen, den Alltag gemeinsam gut zu gestalten. Pünktlichkeit an sich ist nicht notwendig, erst wenn andere auf mich warten, ist sie sinnvoll. Und so ist es mit allem: Ordnung ist sinnvoll, wo andere mit demselben Werkzeug arbeiten wollen. Fleiß ist sinnvoll, wenn er einem Ziel dient. Und so ist es mit der Ehrlichkeit, der Dankbarkeit und der Bescheidenheit – mit allen Tugenden. Alle ethischen Postulate müssen sich an der Realität messen lassen. Soll, darf man Jugendliche zur Bescheidenheit erziehen? Stellt man damit die die Werte der Gesellschaft in Frage? Mit wie viel Einkommen lassen sich die Basisbedürfnisse decken? Was ist Zufriedenheit? All diese

Fragen können selten in der Schule innerhalb eines festgelegten Kanons beantwortet werden, sie tauchen im Gruppenverhalten auf, zum Beispiel beim Imponiergehabe, und können durch spielerische Elemente bewusst gemacht werden.

3. Erziehungspartnerschaft Elternhaus und Schule
   Außer den Eltern sind Großeltern, Geschwister, Onkel und Tanten und weitere Instanzen an der Erziehung des Kindes beteiligt. In die Behandlung des Kleinkindes gehen die Erziehungsgrundsätze der Familie und die Normen der Gesellschaft ein. Die Position in der Geschwisterreihe spielt eine Rolle, die Stellung des Mannes und der Frau in einer Familie und der Gesellschaft werden in der frühkindlichen Bildung vermittelt. Ab einem bestimmten Alter kommen weitere Erziehungsinstanzen hinzu. Später prägen die Medien als Träger der veröffentlichten Meinungen, Werbung und soziale Netzwerke die Rollenbilder.

   Die einzelnen Instanzen haben unterschiedliche Aufgaben: Die Familie soll die vertrauensvollen Grundlagen legen, der Kindergarten die liebevolle Einordnung in das Gruppengeschehen organisieren und Erfahrungsräume bereitstellen, die Schule dann mehr und mehr zur Vermittlung von Wissen übergehen.

   Für alle Beteiligten gilt, dass ein vertrauensvolles Miteinander dem Kind und dem Heranwachsenden die optimale Grundlage für die Selbstständigkeit vermittelt. Konflikte sind normal und enthalten Entwicklungspotenzial. Kinder lernen es, ihre Bedürfnisse durchzusetzen, und sie lernen zurückzustehen, wenn das Gegenüber stärker ist. Die Erziehung soll zur Balance führen. Leben besteht aus Geben und Nehmen, aus Abwägen, Durchsetzen und Nachgeben. Kompromisse sind oft, aber nicht immer die Lösung.

Konflikte tauchen mit der Pubertät besonders drastisch auf. Wenn die Ablösung von der Erziehungsgewalt der Erwachsenen beginnt und die eigene Identität in Abgrenzung zu den Erwachsenen – vertreten durch Familie, Lehrer, Politiker usw. – gesucht wird, ist viel Geduld nötig. Ab etwa dreizehn helfen vor allem vertrauensbildende Maßnahmen, damit die Kinder Selbstverantwortung übernehmen.

Disziplinierungsansätze der Schule enden oft bei den Eltern, aber die haben nicht mehr den gewünschten Einfluss. Dann werden in Konferenzen Änderungen versprochen, die nicht durchzuhalten sind. Konzepte mit Mediatoren in der Schule haben Erfolge gezeigt.

4. Lob oder Tadel?

Wie und wodurch lernt das Kind? Am besten lernt das Kind, lernen wir alle, durch Lob. Werden richtiges Verhalten und Handeln mit einem positiven Feedback bedacht, so bemüht sich das Kind, diese positive Stimmung möglichst oft zu wiederholen. Das Kleinkind interpretiert die Körpersprache und den Gesichtsausdruck als Zustimmung oder Ablehnung. Verbale Äußerungen gehen ebenfalls mit Mimik und Gestik einher und werden entsprechend wahrgenommen.

Die erste Lernstufe ist die Konditionierung: Auf die unbewusste Handlung eines Babys erfolgt eine positive / zustimmende oder negative / ablehnende Reaktion. Auf der weiteren Stufe erfolgen Versuch und Irrtum. Das Kleinkind probiert und entsprechend der Reaktion wiederholt es die Handlung oder nicht. Hier geschehen besonders viele Erziehungsfehler, indem die Erziehenden oft oder ausschließlich auf die unerwünschten Verhaltensweisen reagieren. Dadurch lernt aber das Kind nicht, wie es ‚richtig‘ ist. Immer wieder wird dann verbal etwas erklärt, aber die gewählten Worte stehen dem Kind noch gar nicht zur Verfügung, d. h. es kann mit der Erklärung nichts anfangen. In dieser Phase ist es wichtig, dem richtigen Verhalten Beachtung zu schenken und das unerwünschte möglichst zu ignorieren. Leider neigen Eltern und Erzieher dazu, nicht erwünschtes Verhalten zu sehr zu beachten. Dabei ist den meisten von uns bewusst, dass Lob anspornt, Tadel frustriert.

In der frühen Kindheit ist ein „Ich glaube, du schaffst das!" ein guter Ansporn. Erst in der Pubertät kann auch durch eine gezielte Provokation: „Das schaffst Du nie!", zu verstärkten Anstrengungen motiviert werden.

Bis zur Adoleszenz ist den Heranwachsenden „bewusst", was in ihrer Gesellschaft richtig und was falsch ist. Danach können Eltern und Erzieher nur hoffen, dass die Kids entweder selbst mit ihren Problemen Hilfe suchen oder ein Freund / eine Freundin das für sie tut.

5. Kommunikation

Man kann nicht nicht kommunizieren. Da wir inzwischen in großen Verbänden miteinander leben – weltweit leben die meisten Menschen in Städten –, soll, ja MUSS die Kommunikation gewaltfrei sein. Das müssen Kinder mühsam erlernen, auch hierin brauchen sie Unterstützung und Schutz. Wir kommunizieren auf vielfältige Weise, durch Körpersprache, Wörtersprache, Musik und so weiter. Wir teilen uns über Gerüche, über Farben und Bilder, über Geschenke, Blumen und Freunde mit – viele Botschaften verstehen wir auf Anhieb, andere überhaupt nicht. Dieses komplexe Geflecht der Kommunikation auf Beziehungs- und Sachebene wird ständig weiter erforscht. Gut ist es, nachzufragen, wenn man etwas nicht verstanden hat, anstatt mit Unterstellungen zu kontern. Gut ist es, sich zu entschuldigen, wenn jemand eine Botschaft falsch verstanden hat. Gut ist es, wenn man eher vorsichtig ist als zu forsch.

Der Mensch ist ein physisches und psychisches Wesen – beides bringt er in die soziale Gruppe ein. Wird der Körper nicht ernst genommen, so meldet er sich und protestiert, zum Beispiel mit einer Magenverstimmung oder Muskelschmerzen. Wird die Seele nicht ernst genommen, so spiegelt uns ebenfalls der Körper, dass sie leidet.

Die Sprache soll der Aufklärung dienen. Wo sie das nicht tut, ist ein Lächeln sinnvoller. Die in der Kindheit gelernten Kommunikationsmuster der Familie werden in der Schule erweitert und erfahren in der Adoleszenz durch die Veränderung des Körpers eine neue Dimension. Kommunikationsstrukturen kann der Mensch lebenslang neu erlernen und verändern.

6. Toleranz und die gute Ordnung

In der Ringparabel lässt Lessing einen Richter durch Nathans Mund erklären: „Ich höre ja, der rechte Ring besitzt die Wunderkraft beliebt zu machen; vor Gott und Menschen angenehm. Das muss entscheiden!" Diese Aussage bezieht sich auf die drei monotheistischen Religionen, sie passt aber auf jede Weltanschauung.

Wer immer glaubt, den „richtigen Weg" zu wissen, sollte das niemals mit Gewalt durchzusetzen versuchen, sondern sich darum bemühen, „vor Gott und Menschen angenehm zu sein". Es gibt so viele Beispiele für das tolerante Zusammenleben verschiedener Volksgruppen, verschiedener Nationen, Religionen und Weltanschauungen. Religionen und Weltanschauungen dienen aber häufig auch als Alibi für Konflikte, Kriege und Genozide, dann werden aus friedlichen Nachbarn plötzlich Feinde, die sich gegenseitig umbringen.

Was hat das mit der Schule und der Pubertät zu tun? In dieser Lebensphase, da der Mensch seine Individuation sucht, können Toleranz und gute Ordnung praktisch gelernt werden. Dazu sind Klassenfahrten und vor allem internationalen Jugendcamps gut, wenn bei Grenzüberschreitungen eines Einzelnen oder einer Gruppe gemeinsame Konfliktlösungen gesucht werden. Der junge Mensch 'weiß' es meist, wenn er die Grenze austestet und rechnet mit Konsequenzen. Die Erwachsenen dürfen diese Konsequenzen nicht versagen. Ziel bei Konflikten und Problemen ist jeweils die Wiederherstellung der guten Ordnung. Welches die 'gute Ordnung' ist, stellt die Gruppe mit ihren Regeln auf. Die Gesellschaft hat dafür das BGB, das Bürgerliche Gesetzbuch, und erst wenn eklatante Verstöße gegen diese gute Ordnung vorliegen, kommt das Strafgesetzbuch zur Anwendung. Mit Recht ist der junge Mensch erst mit vierzehn eingeschränkt strafmündig, mit sechzehn auf Antrag ehemündig, mit achtzehn ist er zwar voll strafmündig, aber bis zu einundzwanzig Jahren kann das Jugendstrafrecht angewandt werden – in Einzelfällen noch länger, weil nicht davon ausgegangen werden kann, dass bei allen die Hirnentwicklungsprozesse schon abgeschlossen sind.

7. VER–ANT–WORT–UNG

Welch ein Wortungetüm! Am Anfang ist das *Wort*. Dann erfolgt auf ein Wort ein Gegenwort – die *Antwort*. Diese Antwort wird gekoppelt mit dem Präfix 'ver', das eine Umkehrung bedeutet. Ursprünglich musste man sich vor einem Richter 'verantworten'. Aus diesem Verb wurde das Substantiv mit dem Suffix '-ung' und damit etwas Festes. In seiner heutigen Bedeutung meint es, dass jemand über seine Handlungen und auch für das, was er sagt oder hört, reflektieren kann. Er entscheidet bewusst und trägt die Folgen.

Dass ein Jugendlicher vollständig losgelöst von Eltern, Lehrern, Polizei oder sonstigen Instanzen die Konsequenzen seines Handelns überblickt und dazu steht, ist weniger weit verbreitet, als man hoffen möchte. Man benutzt Rechtfertigungen und weist die „Schuld" einer anderen Person oder den Umständen zu. Ein Individuationsprozess ist dann gelungen, wenn der Mensch die volle Verantwortung für sein Handeln übernimmt.

8. Bildung braucht begeisternde Ziele

Wozu soll ein Mensch lesen lernen, wenn nichts für ihn Interessantes geschrieben wird? Zum Fischen braucht man kein Buch. Von einer gedruckten Anleitung lernt man nicht Rad fahren. Die Aufklärung hat das Wissen über Phänomene in den Vordergrund gestellt. Inzwischen gilt derjenige als überlegen, der durch Bildung die Welt erklären kann, die literarisch-akademische Sprache hat Einzug in die Welt des Lehrens und Lernens gehalten, das Handwerkliche ist heute dem technischen Knowhow unterlegen. Die Handlung erfordert die „Hand", mit der man handeln kann.

Die Ziele einer Gesellschaft werden immer neu definiert. Welche Ziele bieten sich einem jungen Menschen in der technisch-wissenschaftlichen Welt der postindustriellen Gesellschaft? Es kommt auf das Problemlösungsverhalten an. Die Lehrpläne haben darauf reagiert und stellen entsprechende Aufgaben. In noch agrarisch strukturierten Gesellschaften orientieren sich die Ziele an den entwickelten Gesellschaften. Die Bildungsziele sind an diese angepasst, die jungen Menschen streben diese Ziele an.

9. Wer hat die Macht?

Macht hat mit *MACHEN* zu tun.

Gerade in der Adoleszenz probiert der junge Mensch aus, was er „machen" kann. Er probiert aus, welche Macht er in der Gruppe, gegen Eltern und Erzieher hat. Er ist aber auch vielen Einflüssen ausgesetzt, die versuchen, die Macht über sein Handeln zu erlangen. Wieweit sich der einzelne Mensch den Einflüssen oder der Gewalt beugt, hängt davon ab, ob die Erziehung zur Eigenständigkeit gelungen ist.

10. Die Liebe

„Kindlein, liebet euch, und wenn das nicht gehen will, lasst wenigstens einander gelten." Dieses Zitat von Goethe steht für mich über allen Begegnungen, nicht nur den mit Jugendlichen.

Die Liebe ist das Allerwichtigste im Bereich jeglicher Erziehung. Auch unter Pädagogen haben sich nicht alle lieb, aber dann „lasst wenigstens einander gelten"! Behandelt euch mit Respekt.

Aber wie setzt man das um?

Wahrscheinlich hat jeder von uns eine Idee, wie der Mensch sein sollte. Zumindest hat jeder eine Idee, wie er NICHT sein sollte.

Ist der Mensch von Natur aus gut oder altruistisch und auf Gemeinschaft bedacht? Dann braucht ein Kind, ein junger Mensch nur die entsprechenden Vorbilder, um selbst ein gutes und richtiges Verhalten zu lernen.

Ist der Mensch von Natur aus böse oder egoistisch? Dann hilft ein Erziehungsstil, der auf Unterordnung und Strafen setzt. Das muss nicht mit Gewalt geschehen, die Normen können auch mit viel psychologischem Geschick durchgesetzt werden, zum Beispiel mit Zynismus oder einengender Liebe: Die Normen werden in diesem Prozess internalisiert und führen zu psychischen Verformungen, schlimmstenfalls zur Gewalt.

Sowohl ein zu großzügiges Gewährenlassen als auch ein sehr eng ausgelegtes Normenkorsett können dem jungen Menschen den Eintritt in sein eigenes Erwachsenenleben sehr schwer machen; zur Gemeinschaft befähigt sein kann er trotzdem, wenn die Erziehung mit Liebe erfolgt. Man braucht keine Angst vor den notwendigen Ablösungsprozessen des Sprösslings zu haben, keine Angst vor einer drastischen Maßnahme, die klarstellt, dass die Freiheit des einen den Respekt vor der Freiheit des anderen beinhaltet.

Lieben heißt, sich selbst zu lieben. Dabei das rechte Maß für die eigenen Bedürfnisse innerhalb der Gemeinschaft zu finden, bedeutet gelingendes Leben.